한 권으로 끝내는 IFRS

투자자와 관리자를 위한 국제회계기준 가이드북

한 권으로 끝내는
IFRS

International Financial Reporting Standards

도표로 쉽게,
핵심요약으로 빠르게,
실제재무제표 분석으로 정확하게!

| 홍사균 지음 |

머|리|말

국제회계기준!
변화를 두려워하지 말아라!

2011년, 우리 대한민국의 경제계에 거대한 쓰나미가 몰려오고 있다! 바로 국제회계기준(IFRS)라고 하는 새로운 재무 패러다임이 대한민국에 도입된 것이다. 그러나 일반인들은 이러한 내용에 대해서 잘 인지하고 있지 못하고 있는 현실이며 회계실무자나 투자자들 역시 변화되는 회계기준에 대해 막연한 두려움을 품고 있는 것이 사실이다.

그렇다면 잘 사용하고 있는 기존 회계기준을 두고 굳이 국제회계기준을 도입하는 이유는 무엇일까? 국가마다 서로 다른 회계기준을 사용하게 되면 글로벌 비즈니스를 하는 데 있어 많은 불편함과 오해가 발생하게 되고, 이러한 불확실성을 제거하기 위해 많은 비용이 발생하게 된다. 이와 같은 경제적 비용을 줄여 경제발전에 편리함을 제공하고자 전 세계적으로 통일된 하나의 회계기준을 사용하자는 취지에서 발전된 것이 바로 국제회계기준이다.

한편, 2011년 대한민국의 경제상황은 KOSPI지수가 2000포인트를 넘는 글로벌 자본시장으로 발전하고 많은 기업이 퇴직연금을 도입하면서 금융시장 규모가 급성장하게 되었다. 더 이상 글로벌 회계기준 도입을 미룰 수 없는 시점인 것이다.

게다가 사회경제적으로 재무지식에 대한 요구 역시 어느 때보다 높아졌다. 특히 여름에는 저축은행의 부실로 인하여 많은 선량한 예금자들이 예금을 잃게 되는 사상 초유의 사태도 발생했는데, 이로 인해 공인회계사인 필자 역시 저축은행에 예금을 하면서 예전에는 확인해 보지 않았던 은행 재무상황을 찾아보게 되었다. 이제는 많은 분들이 필자와 마찬가지로 은행의 재무정보에 대해 궁금해하고 확인하는 것으로 알고 있다.

이런 상황에 맞춰 국제회계기준 공부에 대한 열기도 뜨겁다. 그런데 필자가 은행이나 일반기업 임직원들을 대상으로 강의를 하다 보면 항상 듣게 되는 이야기가 있다. 국제회계기준이 너무 어렵고 이해하기 힘들다는 것이다. 이는 한결같이 과거 기준과 시각으로 기업을 파악하려다 보니 생기는 문제이다. 많은 국가의 재무정보가 이미 연결기준으로 산출되고 있는데, 굳이 과거처럼 자회사 정보를 제외하고 파악하려다 보니 어려운 것이다. 그러므로 우선 국제회계기준은 우리를 힘들게 하려는 것이 아니라 좀더 정확한 기업재무정보를 표시하는 선진화된 방법이라는 것을 이해해야 한다.

본서는 국제회계기준의 세세한 기준을 살피기보다는 정보이용자 입장에서 필요한 회계지식과 국제회계기준이 지향하고자 하는 방향성을 실제 재무제표를 이용해 설명하고자 했다. 가급적 다양한 회사의 사례를 인용, 독자들이 재무제표를 볼 때 변화되는 내용을 쉽게 알 수 있도록 하였다. 이 책이 독자들에게 국제회계기준에 더 쉽고 빠르게 다가갈 수 있는 지침서가 될 수 있으리라 확신한다.

끝으로 이 책이 나오기까지 많은 조언과 격려를 해주신 삼일회계법인의 윤재봉 대표님과 변영성, 강미라 상무님, 유홍관 이사님, 그리고 본서가 독자들에게 전달될 수 있도록 많은 노력을 해주신 출판사관계자 분들과 성강민 팀장께 감사를 드린다. 그리고 묵묵히 뒤에서 지켜 봐주시는 존경하는 부모님과 바쁘다는 핑계로 시간을 같이 못한 아내, 아들 홍재선에게 사랑한다는 말을 전한다.

2011년 6월 서울 상도동 서재에서 **홍사균**

CONTENTS

머리말 — 4

Part 1 국제회계기준 제대로 이해하기

Chapter 01 국제회계기준(IFRS)이란 무엇인가? — 16
  국제회계기준이란? — 16
  국제회계기준의 필요성 — 18
  심화학습 | 미국증권거래소 상장 외국기업의 IFRS 재무제표 인정 — 19

Chapter 02 대한민국의 회계기준체계를 알아보자 — 21
  상장법인과 비상장법인의 사용기준 차이 — 21
  잠깐! 알아두기 | 국제회계기준과 한국채택국제회계기준은 같은 것이다 — 22
  심화학습 | 상장 저축은행의 IFRS 도입 연기 — 23

Chapter 03 국제회계기준은 어떻게 만들어질까 — 24
  국제회계기준의 제정기구 — 24
  잠깐! 알아두기 | 대한민국의 국제회계기준기구 참여 — 26
  한국채택국제회계기준의 제·개정절차 — 26

Chapter 04 다른 나라들의 도입상황이 궁금하다 — 28
  국제회계기준의 도입형태 — 28
  각국 국제회계기준의 도입현황 — 29
  잠깐! 알아두기 | EU의 IFRS와 동등성 평가 — 33

Chapter 05 국제회계기준의 발전 역사를 알아보자 — 34
  준비기(1967~1972년): 의견형성 및 IASC 설립 준비 — 34

형성기(1973~2000년) : IASC 설립 및 국제회계기준 제정 ─ 35
확대기(2001년 ~) : IASB로 전환 및 국제회계기준의 의무 적용 ─ 35

Chapter 06 국제회계기준의 주요특징에 주목하라 ─ 37

연결재무제표의 주재무제표화 ─ 37
잠깐! 알아두기 | 연결 재무제표 이해하기 ─ 39
자산부채의 공정가치 평가 중시 ─ 39
경제적 실질을 반영한 회계처리 ─ 40
원칙중심의 회계기준 ─ 41

Chapter 07 국제회계기준의 기준서 체계를 이해하자 ─ 44

서문(Preface) ─ 44
개념체계(Framework) ─ 45
국제회계기준서(IFRS) ─ 45
국제회계기준해석서(IFRS Interpretations) ─ 46
잠깐! 알아두기 | IASB와 IASC ─ 46

Chapter 08 IFRS를 도입하면 이런 점이 좋아진다! ─ 50

국제적 정합성 향상과 대외 신뢰도 제고 ─ 50
기업의 재무프로세스 개선 ─ 51
재무제표의 이중작성의무 경감 ─ 52

Chapter 09 IFRS 정보, 어디서 얻을 수 있을까 ─ 53

지속적인 자료수집의 중요성 ─ 53
금융감독원 홈페이지 ─ 54
한국회계기준원 홈페이지 ─ 55
삼일회계법인 홈페이지 ─ 56
IASB 홈페이지 ─ 57

Part 2   IFRS에서는 연결재무제표를 사용한다는데

Chapter 10   연결재무제표란 무엇인가 — 60
연결재무제표란? — 60
연결재무제표의 장단점 — 62

Chapter 11   연결재무제표와 지분법적용 투자주식 — 63
지분법이란? — 63
지분법과 연결재무제표 — 65

Chapter 12   종속회사와 관계기업 판단하기 — 66
종속기업을 판단하는 기준 — 66
잠깐! 알아두기 | 지분율에 의한 연결범위의 판단사례 — 68
잠깐! 알아두기 | 실질지배력이란? — 70
잠깐! 알아두기 | 연결대상기업의 구체적 판단기준 — 73
심화학습 | 경제기사로 읽는 특수목적기업 — 74
관계기업을 판단하는 기준 — 74

Chapter 13   비지배지분이란 무엇인가 — 76
연결재무제표와 비지배지분 — 76

Chapter 14   다양한 재무제표, 무엇을 사용할 것인가 — 79
재무제표의 종류 — 79
어떤 재무제표를 사용할 것인가 — 81

Chapter 15   재무제표 공시제도를 확인하자 — 83
연차 재무제표의 공시 — 83
사업보고서의 공시 — 84
분반기보고서의 공시 — 85
심화학습 | 점차 활발해지는 연결납세제도 도입 논의 — 87

Part 3　IFRS재무제표, 어떻게 생겼을까

Chapter 16　국제회계기준에 따른 재무제표의 구성 — 90

국제회계기준상 재무제표의 종류 — 90

Chapter 17　재무상태표, 무엇이 달라지나 — 93

계정과목의 통합 — 93
거의 나타나지 않는 소계표시계정 — 94
계정과목의 배열순서도 선택 가능 — 95
잠깐! 알아두기 | 유동자산 vs. 비유동자산 — 97

Chapter 18　포괄손익계산서, 어떻게 표시하나 — 98

비용은 기능별 및 성격별로 분류 표시 — 98
기타포괄손익을 포괄손익계산서에 표시 — 99
잠깐! 알아두기 | 기타포괄손익(OCI-Other Comprehensive Income)의 종류 — 100
포괄손익계산서 vs. 두 개의 보고서 — 100
영업손익 vs. 영업외손익 — 101
심화학습 | 포괄손익도 당기성과 중 하나다! — 101

Chapter 19　현금흐름표 분류, 어떻게 해야 하나 — 104

이자수익·이자비용·배당금수익으로 인한 현금흐름 — 104
영업에서 창출된 현금 — 106
외화로 표시된 현금 및 현금성 자산의 환율변동효과 — 106
기타 활동별 현금흐름의 분류 — 107
잠깐! 알아두기 | 현금흐름표의 구조를 파악하자 — 108

Chapter 20　자본변동표, 어떻게 구성되나 — 109

납입자본 — 109
이익잉여금 — 110
기타자본구성요소 — 110

Chapter 21 국제회계기준 최초 도입 시 알아둘 점들 — 112

최초 적용 시 재무제표 — 112
소급작성 면제조항 — 113
심화학습 | 삼성전자의 2009년 감사보고서 주석 상 사전공시 내용 — 116

Part 4 국제회계기준, 무엇이 바뀌었을까

Chapter 22 유형자산 평가방법, 이렇게 바뀐다 — 118

재평가모형을 선택할 수 있다 — 118
유형자산은 정액법으로 감가상각한다 — 120
심화학습 | 구성요소별 감가상각의 필요성 — 122
차입원가(금융비용자본화)는 선택이 아니다 — 122
심화학습 | 차입원가 이해하기 — 124

Chapter 23 투자부동산에 대해 알아보자 — 125

투자부동산이란? — 125
심화학습 | 투자부동산의 예시 — 126
투자부동산은 공정가치모형을 선택할 수 있다 — 127
잠깐! 알아두기 | 2009년 조기적용기업의 평가모형 적용실태 — 129

Chapter 24 무형자산의 평가방법, 이렇게 바뀐다 — 130

사업결합에서도 무형자산이 발생한다 — 130
비한정 내용연수를 지닌 무형자산 — 132
심화학습 | 영업권의 영향 : 하이마트 사례 분석 — 134

Chapter 25 자산손상은 어떻게 판단하는가 — 135

자산손상이란? — 135
심화학습 | 손상차손의 인식사례 — 137
현금창출단위별 손상검사 — 138

Chapter 26 **달라지는 금융상품의 범위와 평가** — 140

금융상품이란? — 140
상환우선주는 부채로 분류한다 — 143
매출채권 할인은 담보차입 — 145
심화학습 | SE사는 앞으로도 차입금을 0원으로 표시할 수 있을까? — 147
대손충당금이 줄어들 가능성이 있다 — 148
심화학습 | 금융기관의 대손충당금 설정 — 150
지급보증은 충당부채가 아닌 확정부채 — 150
심화학습 | 지급보증이 건설사에 미치는 영향 — 152
금융상품에 대한 주석 증가 — 153
심화학습 | 금융상품의 개정 : IFRS9은 무엇인가 — 156

Chapter 27 **퇴직급여, 재무제표에서 어떻게 나타날까** — 158

확정급여형과 확정기여형 제도 — 158
미래 지급할 퇴직금으로 퇴직급여추계액을 계산한다 — 160
심화학습 | 국제회계기준에 따른 확정급여채무를 계산해보자 — 163
확정급여부채 등은 재무제표에 어떻게 나타날까 — 163

Chapter 28 **외화환산법의 변화와 기능통화** — 166

달러로 회계장부 작성이 가능해진다 — 166
화폐성 항목 여부에 따라 달라지는 외화의 기능통화 환산 — 168

Chapter 29 **건설계약의 수익인식, 무엇이 변할까** — 172

아파트 자체 분양공사는 인도시점에 수익을 인식한다 — 172
공사미수금은 청구분과 미청구분으로 구분한다 — 175

Chapter 30 **고객충성제도의 수익인식을 알아보자** — 178

마일리지는 매출을 감소시킨다 — 178

Chapter 31 사업결합의 회계처리, 어떻게 달라지는가 — 181

거래 상대방에게 지급한 것만 지급대가에 해당된다 — 181
확보하지 못한 지분에 대해서도 영업권을 인식한다 — 184

Chapter 32 투자분석에는 영업부문공시를 적극 활용하라 — 187

개별사업에 대한 정보를 확인한다 — 187
영업부문별 공시의 활용 — 188

Chapter 33 재고자산 단가산정에 생기는 변화는? — 190

후입선출법은 사용할 수 없다 — 190

Chapter 34 IFRS 도입에 따른 회계변경과 오류수정 — 193

중요한 오류는 과거 재무제표를 수정한다 — 193

Chapter 35 과거 회계기준을 모두 소급처리해야만 할까 — 195

국제회계기준을 처음 적용할 때의 예외사항 — 195

Part 5 IFRS재무제표를 분석해보자

Chapter 36 분석대상 재무제표의 종류를 확인하자 — 200

상장기업의 재무제표와 비상장기업의 재무제표는 비교대상이 아니다 — 200
연결재무제표와 별도재무제표는 같은 정보를 나타내지 않는다 — 202

Chapter 37 IFRS 도입영향을 파악하는 방법 — 205

국제회계기준의 도입에 따른 영향은 주석에서 파악한다 — 205

Chapter 38 기업의 주요 회계정책을 확인하자 — 208

기업마다 다른 회계정책을 선택할 수 있다 — 208

Chapter 39 연결대상범위를 파악하자 — 213

연결대상과 연결에서 제외되는 법인의 재무상황을 확인한다 — 213

Chapter 40   비지배지분의 비중을 판단하는 방법 — 217

                 비지배지분은 연결재무제표의 신뢰도를 나타낸다 — 217

Chapter 41   더욱 중요해지는 무형자산의 손상검사 — 220

                 비한정내용연수를 지닌 무형자산의 손상여부에 주의하라 — 220

Chapter 42   지속가능한 영업이익을 확인하라 — 223

                 영업이익은 매년 반복되는 이익을 의미하지 않는다 — 223

Chapter 43   달라지는 재무비율, 어떻게 사용할까 — 226

                 재무비율의 분석대상에 따라 비지배지분을 고려한다 — 226

Chapter 44   IFRS를 적용한 실제 재무제표 분석 — 229

                 비지배지분의 적정성을 검토한다 — 229
                 국제회계기준의 도입영향을 분석한다 — 230
                 기업이 선택한 회계원칙을 확인한다 — 232
                 관계기업 등의 투자주식의 변화를 확인한다 — 234
                 연결실체에서 재고자산은 중요한 비중을 차지한다 — 236
                 위험관리내역을 확인해보자 — 237
                 잠깐! 알아두기 | 추가차입약정(Committed Line)이란? — 239
                 당기순이익 중 중단사업 손익의 중요성을 확인한다 — 240
                 기타포괄이익에 중요한 사항이 파악되지 않는다 — 242
                 손익에서 비지배지분의 중요성을 확인한다 — 243
                 모바일 사업부의 경영성과가 감소하였다 — 244
                 영업활동으로 인한 현금흐름이 감소하였다 — 246

Part 6   주요 업종별 IFRS 이슈

Chapter 45   건설업 — 248

                 시행사가 특수목적기업이 되는 경우 연결대상에 포함된다 — 248
                 자체 분양사업은 인도기준으로 수익을 인식한다 — 249

시행사에 대한 지급보증이 어려워진다 — 249

Chapter 46　**금융업** — 252

어음할인은 차입으로 처리된다 — 252
자산유동화가 어려워진다 — 253
잠깐! 알아두기 | 배드뱅크란? — 254

Chapter 47　**소매 · 유통업** — 255

판매장려금의 지급은 매출을 줄인다 — 255
건물은 하나의 유형자산이 아니다 — 256

Chapter 48　**해운 · 조선업** — 258

기능통화제도가 도입된다 — 258
위험회피회계가 적용된다 — 259
심화학습 | 공정가치 위험회피회계에 대한 개정 논의 — 261

부록 1 기존 기업회계기준과 국제회계기준, 일반 기업회계기준의 주요 차이 비교 — 263

부록 2 금융감독원 권고 국문 및 영문 주요 표준계정과목(예시) — 266

PART 1

국제회계기준 제대로 이해하기

International

Financial

Reporting

Standards

Chapter 01
국제회계기준(IFRS)이란 무엇인가

국제회계기준이란?

우리가 일상생활을 하면서 다른 사람들과 의사소통을 하기 위해 사용하는 언어에는 어떤 것이 있을까? 가장 먼저 부모형제, 직장동료, 친구 및 연인과 이야기하는 데 사용하는 언어, 즉 '자연어'가 떠오를 것이다. 그리고 직장이나 학교에서 업무 및 정보를 취득하고 의사교환을 하는 데는 MS윈도우, 워드프로세서, 엑셀, 파워포인트 프로그램 및 인터넷 같은 다양한 '전자언어'를 사용하고 있다. 그런데 기업에서는 하나의 언어를 더 사용한다. 바로 '회계'라는 언어이다. 손익계산서, 재무상태표, 매출, 이익 등을 이용해 기업의 재무상황을 이야기한다.

  회계는 이처럼 현대 사회생활을 하는 데 있어 꼭 필요한 언어 중 하나로서, 회계의 본질은 바로 기업에서 의사소통을 하기 위한 언어라는 데 있다.

이상의 세 가지 언어에 대해 조금 더 생각해보자. 나라마다 모두 다른 언어를 사용하는 것보다 통일된 하나의 언어를 사용하면 편하지 않겠는가? 세계적인 공통어라면 자연어 중에서는 영어가 가장 대표적일 것이고, 전자언어로는 마이크로소프트의 윈도우기반 언어가 가장 대표적인 언어일 것이다. 그리고 기업에서 사용하는 회계언어로는 국제회계기준(International Financial Reporting Standards)이 전 세계적으로 사용되는 통일된 언어로서 자리매김하고 있다.

국제회계기준은 자본시장의 세계화 추세에 따라 각국에서 사용하는 다양한 회계기준에 대한 상호 불신의 벽을 허물고, 고품질·단일화된 기준 하의 재무정보에 대한 요구가 증대됨에 따라 이러한 요구에 부응하기 위해 국제적인 회계제정기구인 '국제회계기준위원회(International Accounting Standards Board)'에 의해 제정된 회계기준을 의미한다.

▶ 현대언어의 종류

구분	정의
자연어 (Natural Language)	한국어, 영어와 같은 인류 상호간 의사소통을 하는 데 사용하는 1차적 언어
전자언어 (IT Language)	인터넷, 윈도우, Ms Office와 같이 컴퓨터를 이용해 의사소통하기 위한 언어
회계언어 (Accounting Language)	매출, 자산, 이익과 같은 재무정보에 대한 의사소통을 위한 언어

언어가 통일되어야지만 소통이 원활해질 수 있다!

국제회계기준의 필요성

왜 국제회계기준 같은 통일된 회계기준이 필요할까? 이러한 통일된 회계기준에 대한 수요가 상대적으로 높은 곳은 바로 유럽연합(EU)이었다. 독일, 영국, 프랑스 같은 국가들이 경제공동체로 통합하며 법, 제도, 화폐(유로화), 국경, 비즈니스 등을 한 국가처럼 운영하기 위해 단일화된 회계기준이 필요했던 것이다.

예를 들어 독일의 도이치 뱅크(Deutsche Bank)에서 스페인의 자라(Zara)라고 하는 기업에 투자한다고 생각해 보자. '자라'의 재무제표가 스페인의 회계기준에 따라 작성되어 있으면, 도이치 뱅크의 투자심사팀에서는 이에 관한 의사결정을 내리는 데 막대한 시간과 노력이 들게 된다. 이러한 경우 원활한 경제활동이 이루어지기 힘들 것이다. 이와 같은 장벽을 제거하기 위해 단일한 회계기준의 도입이 필요하게 된 것이다.

이것은 비단 유럽연합국가들에만 해당되는 이야기는 아니다. 우리나라의 SK텔레콤은 미국 나스닥(NASDAQ)에 상장되어 있다. 만약 국제회계기준이 없다면 SK텔레콤은 한국의 주주를 위해 한국기준의 재무제표를 작성해 공시해야 하고, 또한 미국 주주들을 위해서 미국기준에 의해서 재무제표를 공시해야 할 것이다. 기업입장에서는 얼마나 번거로울 것이며, 비용낭비일 것인가? 투자자 입장에서는 어떤 기준에 따른 것이 SK텔레콤의 진정한 실적인지 의문이 들 수도 있다. 이 경우 회계기준을 통일해서 사용한다면 이러한 문제가 사라지게 된다.

이렇게 국제회계기준은 세계화(Globalization)와 더불어 자연스럽게 등장할 수밖에 없었던 것이다.

▶ 세계화와 국제회계기준

심화학습

미국증권거래소 상장 외국기업의 IFRS 재무제표 인정

2007년 11월 미국증권거래소(SEC)는 미국에 상장된 외국기업이 IFRS에 따라 재무제표를 작성한 경우, 미국회계기준(US-GAAP)과의 차이조정 의무를 2007년 11월 15일 이후 종료하는 회계연도부터 면제하는 규정을 마련했다.

뉴욕증권거래소에만 약 1,200개 해외기업이 상장되어 있는데, 이들 기업은 그 동안 자국회계기준에 따른 보고서 이외에 US-GAAP에 따른 보고서 작성을 위해 회사당 연간 약 1백~1천만 달러의 추가 부담이 있었다.

그러나 미국 증권거래소에 상장된 모든 기업이 차이조정 의무를 면제 받는 것은 아니다.

미국이 차이조정을 면제하는 재무제표는 IFRS를 변형 없이 그대로 수용한 것만 해당된다. 유럽연합(EU)이나 중국은 IFRS를 일부변형해 사용하므로 이들 국가의 재무제표는 사실상 차이조정 의무가 면제되지 않는 것이다.

Chapter 02
대한민국의 회계기준체계를 알아보자

상장법인과 비상장법인의 사용기준 차이

국제회계기준을 도입한 주요 국가들은 모든 기업에 국제회계기준을 적용하는 것이 현실적으로 어렵기 때문에 주로 상장법인의 재무제표에 대해 국제회계기준을 적용했다. 대한민국도 이해관계자가 많고 중요한 상장법인과 금융기관 등을 대상으로 '한국채택국제회계기준'을 2011년도부터 의무적으로 적용하도록 했다. 그리고 비상장법인들은 중요성과 현실적인 어려움을 고려해 중소기업회계처리특례규칙을 적용하게 하는 등 보다 완화된 기준인 '일반기업회계기준'을 적용하도록 했다.

때문에 2011년부터는 회계기준이 상장법인 등에 적용되는 '한국채택국제회계기준(K-IFRS)'과 비상장법인 등에 적용되는 '일반기업회계기준'으로 이원화된 체제로 운영된다.

 2011년부터 상장법인 등은 의무적으로 국제회계기준을 적용하되 2009년 1월 1일 이후 개시하는 회계연도부터 적용하는 것도 가능하게 했다. 다만 금융기관은 기업 간 비교가능성의 제고라는 측면에서 2009년부터 선택적으로 조기 적용하는 것을 허용하지 않았다. 그리고 비상장법인도 정보이용자를 위해 기업의 선택에 따라 국제회계기준을 사용할 수 있게 허용하고 있다.

잠깐! 알아두기

국제회계기준과 한국채택국제회계기준은 같은 것이다

국제회계기준(IFRS)과 한국채택국제회계기준(K-IFRS)은 서로 다른 것인가? 전혀 그렇지 않다. 국제회계기준위원회에서 제정한 국제회계기준을 한국어로 번역해 대한민국에서 채택해 적용한 회계기준을 한국채택국제회계기준이라고 부른다.

한국어로 번역시 언어상 오해가 있을 만한 부분에 일부 보충설명을 한 것이 있을 수 있는데 원칙적으로 같은 것이라고 보면 될 것이다.

▶ 국제회계기준 적용대상기업

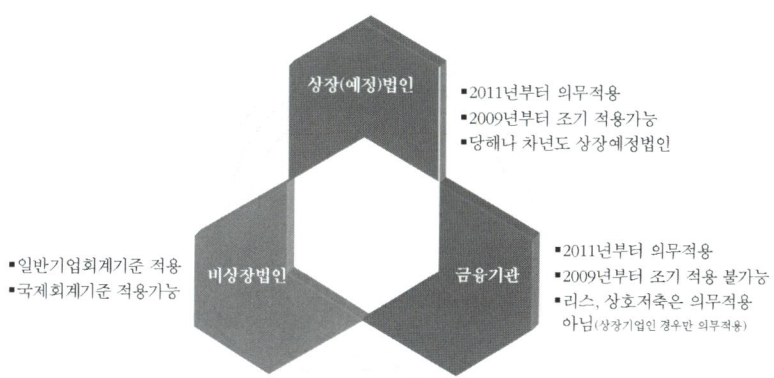

심화학습

상장 저축은행의 IFRS 도입 연기

한국거래소 등에 상장된 상호저축은행은 원래 2011년부터 국제회계기준을 적용하기로 했었다. 그러나 정부가 7개 상장 저축은행에 대한 국제회계기준(IFRS)의 적용을 5년간 유예하기로 했다. 정부 관계자는 5월 23일 "금융위원회가 7개 상장 저축은행의 IFRS 적용을 2017년으로 늦추는 내용의 '주식회사의 외부감사에 관한 법률(외감법)' 시행령 개정안을 입법예고할 예정"이라고 밝혔다. 7개 상장 저축은행은 솔로몬 · 한국 · 진흥 · 제일 · 푸른 · 신민 · 서울저축은행이다.

이러한 조치는 2011년 부실저축은행의 대량 예금인출사태로 인해 금융권의 불확실성을 방지하기 위한 조치로 판단된다.

Chapter 03
국제회계기준은 어떻게 만들어질까

국제회계기준의 제정기구

1) 국제회계기준재단(IFRS Foundation)

국제회계기준위원회(IASB)를 감독 및 재정적 지원하기 위한 비영리재단이며, IASB·IFRIC위원을 선정하는 역할을 하고 있다.

재단 관재인(Trustee)은 총 20명으로 구성되어 있으며, 북미 6명 · 유럽 6명 · 아시아 6명 · 기타 2명으로 구성하도록 정관에 규정되어 있다.

2) 감시위원회(Monitoring Board)

IASBF 관재인과 자본시장 감독당국 간의 연결고리 역할을 함으로서 IASBF의 공적 책임을 제고하기 위해 설립된 위원회이다. 주요 업무는 IASBF의 관재인이 역할을 적절히 수행하는지 감독하는 업무를 하고 있다.

유럽위원회(EC)의 책임자, SEC의장, 일본감독당국의장, 국제증권감독자기구(IOSCO)의 신흥시장부문위장과 기술위원회(Technical Committee) 의장 5명으로 구성되어 있으며, 바젤은행감독위원회의장이 참관인으로 참여한다.

3) 국제회계기준위원회(IASB)

국제회계기준서의 제정기구로서 유럽연합(EU)을 중심으로 주요국 15명으로 구성되어 있다. 주요 업무는 국제회계기준을 제정하고 국제회계기준해석위원회(IFRIC)가 제정한 국제회계기준 해석서를 승인하는 업무를 하고 있다.

4) 국제회계기준해석위원회(IFRIC)

국제회계기준서를 적용하면서 발생할 수 있는 이슈를 검토해 **국제회계기준해석서를 제정하는 역할**을 하고 있다. 총 14명의 위원으로 구성된다.

▶ **국제회계기준 제정기구**

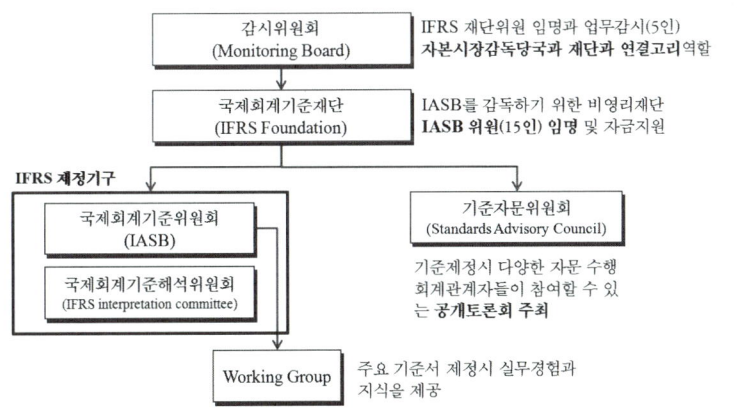

5) 국제회계기준자문위원회(SAC)

국제회계기준서 제정 시 주요 과제에 대해 광범위한 전략적 자문을 제공하고 다양한 회계관계자들이 참여할 수 있는 공개토론회를 주최하는 역할을 한다.

잠깐! 알아두기

대한민국의 국제회계기준기구 참여

2010년 서울에서 개최된 국제회계기준 재단이사회 회의(IFRS Foundation Trustees Meeting)에서 정덕구 前 산업자원부 장관이 한국인으로는 최초로 'IFRS Foundation Trustee'로 선임되었다.

대한민국의 IFRS 재단이사회 진출은 국제 회계분야에서의 대한민국의 발언권이 향상된 것으로 볼 수 있으며, 특히 IFRS에 대한 제·개정과정에서 적극적 역할을 수행할 기본 토대를 마련했다고 평가 받고 있다.

한국채택국제회계기준의 제·개정절차

대한민국은 기본적으로 국제회계기준을 그대로 채택해서 사용하므로 국제회계기준위원회(IASB)의 토론서와 공개초안이 발표되는 과정에 금감원, 회계법인, 학계 등 관련기관의 의견을 수렴해 이를 종합해서 IASB에 제출을 하게 된다.

IASB가 국제회계기준을 제정하는 과정에 의견을 반영하고 한국회계기준원은 이렇게 제정된 국제회계기준서 등을 원문에 충실하게 번역해 한국채택국제회계기준(K-IFRS)의 초안을 만든다.

이러한 초안은 번역상 오류수정, 기타 기준적용 시 문제가 될 만한 부분을 점검하기 위해 한국회계기준원의 회계기준심의위원회 심의를 거쳐 공개초안을 확정 발표하고, 이해관계자의 의견을 수렴하게 된다.

회계기준위원회에서는 이러한 공개초안에 대한 이해관계자의 다양한 의견을 분석, 반영해 K-IFRS 제·개정안을 의결해 금융위원회에 보고한다.

금융감독원과 금융위원회는 회계기준원이 제·개정한 기준서 등을 증권선물위원회와 금융위원회에 보고하고 특별한 사항이 없는 경우 회계기준원(회계기준위원회)은 이를 공표하게 된다.

▶ **한국채택국제회계기준의 제정절차**

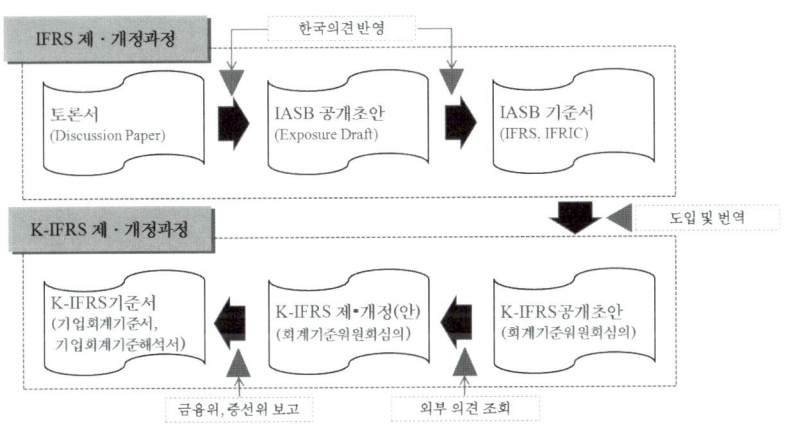

Chapter 04
다른 나라들의 도입상황이 궁금하다

국제회계기준의 도입 형태

국가마다 경제상황이 다르기 때문에 국제회계기준을 도입하는 방법은 각각 다를 수 있다. 국제회계기준을 적용하는 방식은 ① 자국 회계기준의 내용을 국제회계기준의 내용과 실질적으로 동일하게 내용합치(Convergence)를 해 사용하거나 ② 각국의 특성을 반영해 일부 내용을 조정(Adaption)해서 사용할 수도 있다. 혹은 국제회계기준위원회가 제정한 ③ 국제회계기준을 그대로 채택(Adoption)해 사용하는 방법도 있을 것이다.

그대로 채택해 사용하는 것이 국제회계기준과 정합성 측면에서 우월할 수 있다. 그러나 기준합치(Convergence)를 하거나 일부 조정(Adaption)해 적용하면 각국가에서 국제회계기준의 도입에 따른 변화에 대응하고 준비하는 데 좀 더 여유를 가지고 대처할 수 있다는 장점이 있다. 따라서 각국의 상황에 맞게 적절한 방법을 선택해서 적용하고 있다.

기준합치를 사용하는 대표적인 국가로는 중국 등이 있으며, 국제회계기준을 그대로 채택하는 국가로는 대한민국이 있다. 유럽연합의 경우 일부 조정해 반영한다.

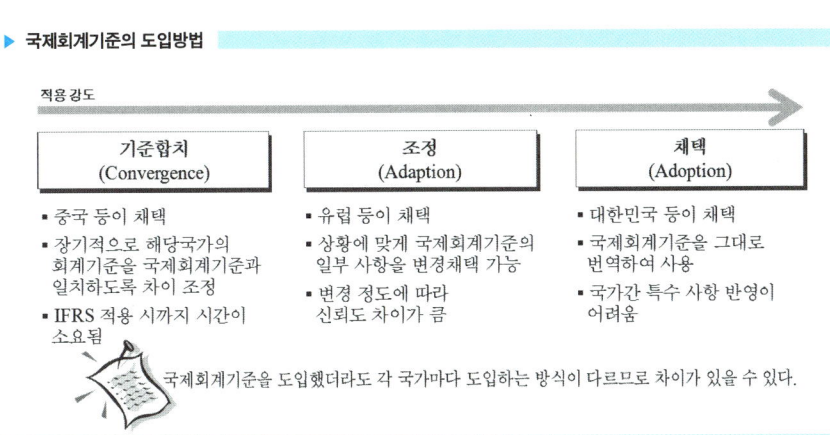

▶ 국제회계기준의 도입방법

각국 국제회계기준의 도입 현황

2011년 현재 전 세계적으로 영국, 프랑스 등 EU국가 및 중국, 캐나다, 대한민국을 포함해 약 150여 개 국가가 국제회계기준을 도입하거나 도입할 예정으로 예상된다. 그리고 OECD 가입국가의 80% 이상이 국제회계기준을 도입하거나 할 예정이다. 일부 아프리카 국가와 중동국가들은 아직 도입하지 않았지만 이들 국가가 전 세계 경제에서 차지하는 규모를 고려했을 때, 대부분의 국가들이 도입했다고 볼 수 있다.

다만 미국과 일본은 국제회계기준 도입을 위한 로드맵을 발표하는 등 내부적으로 도입을 위한 준비를 하고 있으나 아직 공식적으로 도입이 결정되지는 않았다. 그러나 곧 도입될 것으로 예상되고 있다.

1) 유럽연합(EU)

유럽연합은 국제회계기준을 발전시킨 주요 국가로 2005년도부터 연결재무제표에 대해서 국제회계기준을 의무적으로 적용하도록 했다. 그리고 개별재무제표에 대한 국제회계기준의 적용은 국가마다 선택할 수 있도록 했다.

국제회계기준을 적용함에 있어 유럽연합은 일부 사항을 조정해 적용할 수 있는 조정방식(Adaption)을 취하고 있으나 실제로 차이가 나는 항목(ISA39호-금융상품: 인식과측정)은 거의 없다. 그래서 실제로는 그대로 채택한 것과 큰 차이를 보이고 있지 않다는 평가를 받는다.

한편, 유럽연합에 상장된 제 3국의 기업들 역시 EU에서 인정한 국제회계기준을 사용해 재무제표를 공시해야 한다. 그러나 현실적으로 재무제표 재작성에 노력이 많이 들어가므로 유럽증권감독위원회에서 각국 회계기준의 IFRS와 동등성을 평가해 재작성 의무를 면제해 주고 있다.

2) 미국

미국은 대표적인 규정중심의 회계기준을 가지고 있는 국가로서 발전된 자본시장에서 많은 이해관계자가 존재하는 대표적인 국가이다. 그래서 많은 사안에 대해서 세세하게 규정하고 있으며 재무정보에 대한 높은 신뢰도를 유지하고자

했다. 그러나 2000년 엔론사태 이후 이러한 규정중심의 회계기준이 복잡하고 발전된 경제현실에 적합한가에 대한 논의가 활발히 이루어졌다.

2002년 IASB와 미국 회계기준위원회는 미국회계기준과 IFRS가 장기적으로 기준합치를 이룰 수 있도록 합의했고(Norwalk Agreement) 2011년까지 다양한 의견을 수렴한 후 국제회계기준을 의무적용할 것인지에 대해서 결정하기로 한 바 있다.

그리고 우선적으로 2007년부터 미국에 상장된 외국기업이 IFRS에 따라 재무제표를 작성한 경우 미국회계기준에 따라 재작성할 의무를 면제하도록 했다. 따라서 2010년부터 국제회계기준에 따라 재무제표를 공시하는 삼성전자는 이를 그대로 미국에서 사용할 수 있게 되었다. 그러나 IFRS를 조정해 사용하거나 (Adaption) 기준합치(Convergence)를 통해 작성된 재무제표의 경우에는 그 차이를 조정하도록 하고 있다.

▶ 미국의 국제회계기준 적용 계획(안)

	상장대기업	상장중기업	상장소기업
기준	시가총액 700만 불 이상	시가총액 75만 불 이상	시가총액 75만 불 이하
예상 의무적용 시기	2014년 이후	2015년 이후	2016년 이후

3) 일본

일본도 미국과 마찬가지로 국제회계기준을 채택하거나 변경적용하지 않고 장기적으로 국제회계기준과 일본의 회계기준을 정합하는 방향을 선택했다. 그리하여 EU증권감독위원회에서 IFRS와 동등성을 인정받기도 한 바 있다.

그러나 미국이 2011년까지 국제회계기준의 의무적용을 결정하고 이를 적극적으로 고려하자 일본 역시 국내 준비상황, 시장과 기업에 미치는 영향 등을 고려해 2012년을 전후로 의무적용여부를 결정한 상태다.

▶ 전 세계 국제회계기준 채택 현황

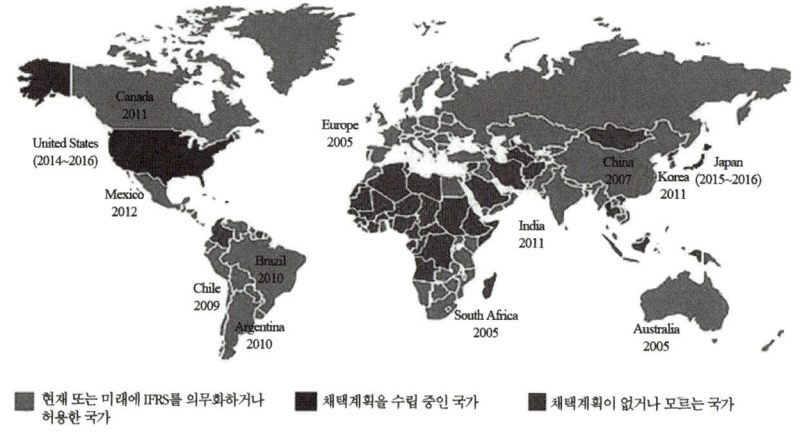

일본이 2012년에 국제회계기준을 의무적으로 적용하기로 결정한다면 약 3년의 준비기간을 고려해 2015~2016년 전후로 의무적용할 예정이다. 그리고 EU나 미국 등 해외에서 사업을 영위하고 자본시장에 참여하는 기업들을 고려, 일정요건을 갖춘 경우 2010년 3월 31일 이후 종료되는 사업연도부터 연결재무제표에 대해 국제회계기준을 조기적용할 수 있게 했다.

잠깐! 알아두기

EU의 IFRS와 동등성 평가
EU는 가입국 이외의 국가에 대해서 다음과 같이 평가했다.
1) IFRS 동등성 요건 충족 : 미국, 일본
   IFRS를 도입하지 않았더라고 해당국가의 회계기준에 따른 재무제표가 IFRS를 적용한 것으로 간주함.
2) 한시적으로 IFRS 동등성 인정 : 대한민국, 캐나다, 중국, 인도 등
   IFRS도입을 전제로 한시적으로 해당국가의 회계기준에 따른 재무제표가 IFRS를 적용한 것으로 간주함.

Chapter 05
국제회계기준의 발전 역사를 알아보자

국제회계기준은 초반 준비기를 거쳐서 국제화가 진행되는 1990년대에 본격적으로 세계적인 관심을 얻게 되었다. 그 후 EU를 비롯한 많은 국가들이 도입하며 현재 전 세계적인 회계표준으로 자리를 잡아가고 있다. 시기별 국제회계기준의 발전 역사를 살펴보면 다음과 같다.

준비기(1967~1972년) : 의견형성 및 IASC 설립 준비

전 세계적으로 통일된 회계기준에 대한 수요가 형성되고 이에 대한 논의를 하기 시작한 기간이다. 이 시기를 통해서 국제회계기준을 위한 국제적인 회계제정기구(IASC) 창설을 준비하게 된다.

영국회계사회 회장이며 쿠퍼 브라더스 사(Cooper Brothers & Co_)의 파트너인 로드 헨리벤슨(Lord Henry Benson)을 중심으로 영국·미국·캐나다 회계사회의 회장 간 논의를 통해 인터내셔널 스터디 그룹(International Study Group)을 만들었으며 이것이 확대돼 약 10여 개국이 참여하게 되었다.

형성기(1973~2000년) : IASC 설립 및 국제회계기준 제정

미국·영국·캐나다·독일·일본·호주·프랑스·멕시코·네덜란드·아일랜드의 10개국이 모여 1973년에 국제회계기준위원회(IASC)를 설립하고 국제회계기준서(ISA)를 제정하기 시작했다. 이어서 국제회계기준해석위원회(SIC)를 설립하게 된다.

IASC 설립 이후 계속적으로 회원수가 증가되어 2000년 말에는 112개국이 가입하는 등 전 세계적으로 관심이 확대되었다. 특히 EU는 1995년 EU의 다국적 기업에 IAS의 사용을 권고했다.

확대기(2001년 ~) : IASB로 전환 및 국제회계기준의 의무 적용

기존의 국제회계기준위원회(IASC) 및 해석위원회(SIC)가 IASB와 IFRIC로 전환됐고 국제회계기준서 및 해석서도 ISA·SIC에서 IFRS·IFRIC으로 명칭되기 시작했다.

2005년부터는 EU에서 상장기업의 연결재무제표를 작성할 때 IFRS 사용을 의무화했고, 미국도 미국회계기준과 국제회계기준의 주요 차이를 장기적으로 일치시키기로 결정하는 등 많은 국가들이 회계기준으로서 국제회계기준을 본격적으로 채택하기 시작했다.

Chapter 06
국제회계기준의 주요 특징에 주목하라

국제회계기준은 기존의 회계기준과 달리 제도, 사회, 문화가 다른 많은 국가의 이해관계자들에게 적용되므로 기존에 특정국가에만 적용되던 기준과 다른 성격을 가진다. 국제회계기준의 특징은 크게 연결재무제표의 주재무제표화, 공정가치평가 확대, 경제적 실질의 중시, 원칙중심의 회계기준으로 볼 수 있다.

연결재무제표의 주재무제표화

경제가 발전하면서 많은 기업들이 자회사를 설립해 다양한 업무를 수행하고 있으며, 이러한 거래가 기업재무상황에 큰 영향을 주고 있다. 그러나 지금까지 여러 이유로 재무정보의 관리 및 분석은 각각 회사의 재무제표를 중심으로 이루어져 왔다. 이에 국제회계기준에서는 경제적 실질을 더 잘 반영할 수 있는 연결재무제표를 주된 재무제표로 규정했다.

기존 기업회계기준도 연결재무제표를 작성하도록 되어있긴 하지만, 개별재무제표에 비해 늦게 공시되는 데다 이해하기도 어려워 충분히 활용되지 못했다. 그러나 앞으로 연결재무제표가 주된 재무제표가 됨에 따라 공시기일이 단축되어 충분히 적시성 있는 재무정보를 제공해 줄 수 있게 되었다.

또한 연결재무제표가 주된 재무제표가 되면서 종속기업에 대한 회계처리기준과 재무보고프로세스에 대한 기업의 관심도가 증가하게 되었으며, 공시기일이 단축돼 조기결산체제를 구축하는 등 기업의 재무보고 프로세스가 상당히 개선되는 결과도 가져왔다.

▶ **국제회계기준의 특징**

특징	내용
연결재무제표의 주재무제표	▪분반기 연결재무제표 공시(D+45) ▪연결범위 변화 ▪비재무항목에 대한 연결기준 공시
자산·부채 공정가치 평가 확대	▪유·무형자산 자산 재평가 허용 ▪퇴직급여, 금융자산 등 공정가치 평가 ▪영업권은 상각하지 않고 손상평가
경제적 실질을 반영한 회계처리	▪법률, 정책적 목적의 회계처리 보다는 경제적 실질을 반영한 회계처리 제시
원칙중심 회계기준	▪규정화된 기준 → 원칙중심 기준 ▪다양한 회계처리선택권 허용 ▪감사인과 회사의 판단 중시

잠깐! 알아두기

연결재무제표 이해하기

1) 지배기업과 종속기업

지배기업은 다른 회사(종속기업)의 재무정책과 영업정책을 결정할 수 있는 능력을 가진 회사로서 연결재무제표 작성의 주체가 된다. 일반적으로 지분율을 50% 초과해 보유하고 있으면 그 회사를 지배하고 있다고 본다.

2) 연결재무제표

경제적 실질에 따라 지배기업과 종속기업을 별개의 회사로 보지 않고 하나의 회사로 보아, 지배기업이 종속기업의 재무제표를 합산해 작성하는 재무제표이다.

자산부채의 공정가치 평가 중시

그 동안 재무상태표에서는 자산부채의 표시금액을 원칙적으로 취득가액(역사적 원가주의)으로 표시해 왔다. 이렇게 취득금액으로 표시하는 편이 금액에 대한 검증이 수월해 신뢰성을 높이는 것으로 믿어져 왔던 것이다.

물론 과거처럼 가치 변동성이 적을 때는 합리적이나, 현재와 같이 매우 짧은 기간 동안 자산의 변화가 크게 발생할 수 있는 시기에는 정보이용자가 궁금해 하는 정보를 제공하는 데 한계가 있게 된다. 때문에 국제회계기준에서는 자산부채에 대한 공정가치 평가를 확대했다.

예를 들어 30년 전에 공장부지를 20억 원에 구입한 회사와 당해년도에 공장부지를 20억 원에 구입한 회사의 재무상태표상 토지의 금액을 같게 표시하는 것이 적정한 것일까? 상식적으로 30년 전에 구입한 토지의 가치가 훨씬 더 높을 것이므로, 이것을 같은 금액으로 표시하다 보면 정보이용자의 의사결정을 오도할 수 있다. 그렇다고 해서 이 토지의 현재 시장가격을 얼마로 해 표시할 것인지를 생각해 보면 이 또한 매우 난감한 일이다. 거래되지도 않은 토지의 신뢰성 있는 가격을 산정하기는 어렵기 때문이다. 따라서 경제적 실질을 고려해 어떻게 표시하는 것이 정보이용자의 합리적 의사결정에 도움이 될지 판단해야 할 것이다.

▶ **취득원가와 공정가액**

	2008년 토지가액	
	취득원가	공정가액
Co 사	267억	2,124억
In 사	396억	1,081억

(source : Dart F/S분석)

Co사와 In사의 2008년 재무상태표를 분석해보자. 토지를 취득원가로 표시하게 되면 마치 In사의 토지가 더 금액이 큰 것처럼 파악된다. 하지만 실제 공정가치를 보면 Co사의 토지금액이 훨씬 크게 나타난다.

경제적 실질을 반영한 회계처리

국제회계기준은 전 세계 여러 국가에서 채택하고 적용되는 회계기준이다. 그러다 보니 각 국가마다 적용하는 법률 등을 모두 고려하기는 매우 힘들 뿐만 아니라 형식적인 기준에 의해 회계처리가 이루어지다 보면 실제 기업의 본질을 파악하기 어려울 수 있다.

예를 들어 주주가 1년 후부터 언제든지 상환을 청구할 수 있는 권리가 부여되었고 확정적으로 연 5%를 배당해야 하는 상황우선주의 경우, 발행근거가 상법상 주주총회를 통해 주식으로 발행되었기 때문에 자본으로 보아 왔으나 그 실질은 차입금과 거의 동일할 것이다. 따라서 이러한 상환우선주는 자본이라기 보다 부채로 보는 것이 더욱 타당할 것으로 판단된다. 이렇게 국제회계기준은 형식적 논리보다는 경제적 실질에 따라 회계처리방침을 규정하도록 하고 있다.

원칙중심의 회계기준

국제회계기준은 다양한 국가에 동시에 적용되는 회계기준이므로 모든 국가에 적용되는 실무지침 등을 모두 규정하기란 현실적으로 어렵다. 따라서 어떠한 사안에 대해 상세한 회계처리방법, 적용범위 등을 하나하나 제시해 주기보다는 기본 원칙을 제시하는 원칙중심의 회계처리기준을 채택하고 있다.

이는 원칙을 제시하고 해당 사안에 대해 실질을 가장 잘 판단하고 있는 기업이나 감사인 등이 정황에 맞게 판단하도록 해서 회계정보가 경제적 실질을 잘 반영할 수 있게 한 것이다.

이에 반해 기존의 기업회계기준이나 미국의 회계기준(US-GAAP)은 규정중심의 회계기준이다. 한국회계연구원 등 유관기관이 특정사안에 대해 질의 회신과 같은 방법 등으로 적용조건, 회계처리 등을 세세하게 규정하는 방식으로서 기업 등은 해당사안에 맞는 규정을 찾고 이에 따라 회계처리하도록 하고 있다.

이러한 규정중심의 회계기준은 특정사안에 대해 모든 기업이 동일한 규정에 의해 회계처리하므로 이용자 입장에서 재무정보 간 비교가능성 및 신뢰성이 높아지게 되는 장점이 있다.

그러나 경제가 발전하고 복잡해짐에 따라 규정해야 할 내용들이 많아지므로, 현실적으로 모든 사안에 대해 규정하기란 쉽지 않다. 해당사안이 어느 규정에 맞는지 일일이 찾아서 적용하는 것 역시 매우 힘든 일이 될 것이다. 그리고 사전에 해당 규정요건을 피해서 실질 거래를 조정하는 경우 재무정보가 왜곡되는 문제가 발생할 수도 있다.

▶ 규정중심 vs. 원칙중심

규정중심 회계기준	원칙중심 회계기준
▪사안별 회계처리 방법 규정 ▪기업마다 동일한 회계처리 기준이 적용됨 ▪규정되지 않은 사안에 대한 회계처리에 어려움 ▪US-Gaap, 과거 대한민국 회계처리 기준	▪회계원칙을 정하고 구체적 사안에는 자율성을 다수 부여 ▪기업 간 회계처리가 다를 수 있음 ▪규정되지 않은 사안에 기업 및 감사인의 의견 반영하여 처리 가능 ▪국제회계기준

기존 기업회계기준은 규정중심이었던 데 비해 국제회계기준은 원칙중심의 회

계기준을 택하고 있다. 때문에 국제회계기준은 기업 스스로 경제적 실질에 맞는 회계처리방법을 선택할 수 있도록 다양한 선택 옵션을 제공한다. 이로 인해 기업 간 회계처리방법이 서로 달라질 수도 있으며, 더불어 재무정보의 비교가능성이 저하되는 문제점이 발생할 수 있으므로 주석을 통해 이러한 차이를 확인하는 것이 매우 중요해졌다.

Chapter 07
국제회계기준의 기준서 체계를 이해하자

국제회계기준은 통상 국제회계기준위원회에서 제정한 국제회계기준서(IFRS)와 이에 대한 해석서인 국제회계기준해석서(IFRS Interpretations)를 통칭한다. 더불어 국제회계기준을 구성하고 있지는 않지만, 국제회계기준위원회에서 국제회계기준에 대한 이해와 기본 체계를 설명하기 위해 발표하는 서문과 개념체계도 있다.

서문(Preface)

국제회계기준위원회의 목적, 국제회계기준의 범위와 권한, 기준제정절차, 적용시기, 사용언어 등에 대해 규정하고 있다.

개념체계(Framework)

재무제표의 작성과 표시에 있어 기초가 되는 개념을 정립하기 위한 것이다. 재무제표의 목적, 재무제표에서 정보의 유용성을 결정하는 질적인 특성, 구성요소에 대한 정의 및 인식과 측정, 자본과 자본유지에 대한 개념 등을 설명하고 있다.

국제회계기준서(IFRS)

주제별로 규정한 회계기준으로서 국제회계기준위원회(IASB)가 제정한 8개의 IFRS와 IASB의 전신인 IASC가 제정한 29개의 IAS(International Accounting Standards)가 있다. 각 기준서는 기준서의 목적, 적용범위, 회계처리방법, 공시, 부록 등으로 구성되어 있다.

▶ 국제회계기준의 체계

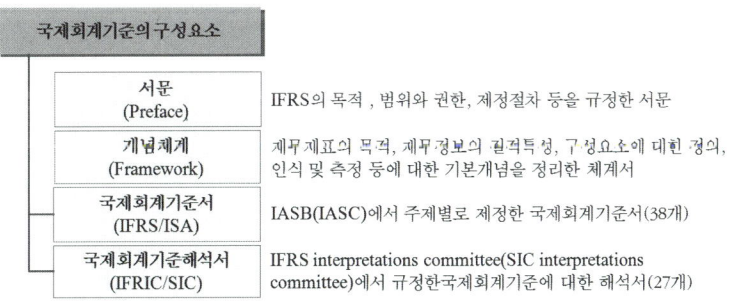

국제회계기준해석서(IFRS Interpretations)

국제회계기준서에 구체적인 언급이 없는 사항에 대한 해석과 지침을 제공하는 것으로 국제회계기준위원회(IASB)가 승인한 18개의 IFRS해석서(IFRIC-IFRS Interpretations Committee)와 IASB의 전신인 IASC가 승인한 11개의 ISA해석서 (SIC Interpretations -Standing Interpretations Committee Interpretations)가 있다.

잠깐! 알아두기

IASB와 IASC

국제회계기준위원회(IASC)는 2001년에 IASB로 명칭이 변환되었다. 이에 따라 IASC시절 제정되던 회계기준인 ISA와 해석서 SIC의 명칭도 IFRS와 IFRIC으로 변경된 것이다. 따라서 IFRS와 ISA 그리고 IFRIC과 SIC는 동일한 것으로 보아도 무방할 것이다.

한국채택국제회계기준과 국제회계기준의 구성

● (한국채택) 국제회계기준서

한국채택 국제회계기준서	국제회계기준서(IFRS/ISA)	최종 제개정일
- 재무제표의 작성과 표시를 위한 개념체계	- Framework for the preparation and presentation of financial statements	'07.12
제1001호 재무제표 표시	IAS 1 Presentation of financial statements	'09.06
제1002호 재고자산	IAS 2 Inventories	'07.12
제1007호 현금흐름표	IAS 7 Cash flow statements	'09.06
제1008호 회계정책, 회계추정의 변경 및 오류	IAS 8 Accounting policies, changes in accounting estimates and errors	'09.06
제1010호 보고기간 후 사건	IAS 10 Events after the reporting period	'09.06
제1011호 건설계약	IAS 11 Construction contracts	'07.12
제1012호 법인세	IAS 12 Income taxes	'07.12
제1016호 유형자산	IAS 16 Property, plant and equipment	'07.12
제1017호 리스	IAS 17 Leases	'09.06
제1018호 수익	IAS 18 Revenue	'09.06
제1019호 종업원급여	IAS 19 Employee benefits	'07.12
제1020호 정부보조금의 회계처리와 정부지원의 공시	IAS 20 Accounting for government grants and disclosure of government assistance	'07.12
제1021호 환율변동효과	IAS 21 The effects of changes in foreign exchange rates	'07.12
제1023호 차입원가	IAS 23 Borrowing costs	'07.12
제1024호 특수관계자 공시	IAS 24 Related party disclosures	'07.12
제1026호 퇴직급여제도에 의한 회계처리와 보고	IAS 26 Accounting and reporting by retirement benefit plans	'07.12
제1027호 연결재무제표와 별도재무제표	IAS 27 Consolidated and separate financial statements	'08.11
제1028호 관계기업 투자	IAS 28 Investments in associates	'07.12
제1029호 초인플레이션 경제에서의 재무보고	IAS 29 Financial reporting in hyperinflationary economies	'07.12
제1031호 조인트벤처 투자지분	IAS 31 Interests in joint ventures	'07.12
제1032호 금융상품: 표시	IAS 32 Financial instruments: presentation	'08.10
제1033호 주당이익	IAS 33 Earnings per share	'07.12
제1034호 중간재무보고	IAS 34 Interim financial reporting	'07.12
제1036호 자산손상	IAS 36 Impairment of assets	'09.06
제1037호 충당부채, 우발부채 및 우발자산	IAS 37 Provisions, contingent liabilities and contingent assets	'07.12

제1038호 무형자산	IAS 38 Intangible assets	'09.06
제1039호 금융상품: 인식과 측정	IAS 39 Financial instruments: recogniti-on and measurement	'09.06
제1040호 투자부동산	IAS 40 Investment property	'07.12
제1041호 농림어업	IAS 41 Agriculture	'07.12
제1101호 한국채택국제회계기준의 최초채택	IFRS 1 First-time adoption of internatio-nal financial reporting standards	'08.12
제1102호 주식기준보상	IFRS 2 Share-based payment	'09.06
제1103호 사업결합	IFRS 3 Business combinations	'08.11
제1104호 보험계약	IFRS 4 Insurance contracts	'07.12
제1105호 매각예정비유동자산과 중단영업	IFRS 5 Non-current assets held for sale and discounted operations	'09.06
제1106호 광물자원의 탐사와 평가	IFRS 6 Exploration for and evaluation of mineral resources	'09.06
제1107호 금융상품: 공시	IFRS 7 Financial instruments: disclosures	'09.04
제1108호 영업부문	IFRS 8 Operating segments	'09.06
제1109호 금융상품	IFRS 9 Financial instruments	채택예정

● (한국채택) 국제회계기준서 해석서

한국채택 국제회계기준 해석서	국제회계기준서(IFRIC/SIC)	최종 개제정일
제2010호 정부지원: 영업활동과 특정한 관련이 없는 경우	SIC 10 Government assistance-No specific relation to operating activities	'07.12
제2012호 연결: 특수목적기업	SIC 12 Consolidation-Special purpose entities	'07.12
제2013호 공동지배기업: 참여자의 비화폐성 출자	SIC 13 Jointly controlled entities-Non monetary contributions by ventures	'07.12
제2015호 운용리스: 인센티브	SIC 15 Operating leases-incentives	'07.12
제2021호 법인세: 재평가된 비상각자산의 회수	SIC 21 Income taxes-Recovery of revalued non-depreciable assets	'07.12
제2025호 법인세: 기업이나 주주의 납세지위 변동	SIC 25 Income taxes-change in the tax status of an entity or its shareholders	'07.12
제2027호 법적 형식상의 리스를 포함하는 거래의 실질에 대한 평가	SIC 27 Evaluating the substance of transactions involving the legal form of a lease	'07.12
제2029호 민간투자사업의 공시	SIC 29 Service concession arrangements: Disclosures	'07.12
제2031호 수익: 광고용역의 교환거래	SIC 31 Revenue-barter transactions involving advertising services	'07.12
제2032호 무형자산: 웹사이트 원가	SIC 32 Intangible assets-web site costs	'07.12
제2101호 사후처리 및 복구관련 충당부채의 변경	IFRIC 1 Changes in existing decommissioning, restoration and similar liabilities	'07.12
제2102호 조합원 지분과 유사지분	IFRIC 2 Members' shares in co-operative entities and similar instruments	'07.12

제2104호 약정에 리스가 포함되어 있는지의 결정	IFRIC 4 Determining whether an arrangement contains a lease	'07.12
제2105호 사후처리, 복구 및 환경정화를 위한 기금의 지분에 대한 권리	IFRIC 5 Rights to interests arising from decommissioning, restoration and environmental rehabilitation funds	'07.12
제2106호 특정 시장에 참여함에 따라 발생하는 부채: 폐전기, 전자제품	IFRIC 6 Liabilities arising from participating in a specific market-waste electrical and electronic equipment	'07.12
제2107호 기업회계기준서 제1029호 '초인플레이션 경제에서의 재무보고'에 따른 재작성 방법용	IFRIC 7 Applying the restatement approach under IAS 29	'09.06
제2109호 내재파생상품의 재검토	IFRIC 9 Reassessment of embedded derivatives	'09.06
제2110호 중간재무보고와 손상	IFRIC 10 Interim financial reporting and impairment	'07.12
제2112호 민간투자사업	IFRIC 12 Service concession arrangements	'07.12
제2113호 고객충성제도	IFRIC 13 Customer loyalty programmes	'08.09
제2114호 기업회계기준서 제1019호: 확정급여자산한도, 최소적립요건 및 그 상호작용	IFRIC 14 IAS 19-The limit on a defined benefit asset, minimum funding requirements and their interaction	'08.09
제2115호 부동산 건설약정	IFRIC 15 Agreements for the construction of real estate	'08.12
제2116호 해외사업장 순투자의 위험회피	IFRIC 16 Hedges of a net investment	'09.06
제2117호 소유주에 대한 비현금자산의 분배	IFRIC 17 Distributions of Non-cash Assets to Owners	'09.06
제2118호 고객으로부터의 자산이전	IFRIC 18 Transfers of Assets from Customers	'09.06
제2119호 지분상품에 의한 금융부채 상환	IFRIC 19 Extinguishing financial liabilities with equity instruments	채택예정

*국제회계기준의 이해와 도입준비(금융감독원, 회계제도실, 2009.12.) 참조

Chapter 08

IFRS를 도입하면 이런 점이 좋아진다!

국제적 정합성 향상과 대외 신뢰도 제고

대한민국은 IMF외환 위기 이후 기업회계의 선진화를 위해 회계감독을 강화하고 제도개선을 지속적으로 실시해 왔다. 그러나 회계기준에 대한 신뢰도를 극복하는 데는 한계가 있었다. 특히 회계기준은 국제회계기준과의 정합성을 위해 많은 노력을 했으나 대외적으로 신뢰성 있게 받아들여지지 못했다.

그리하여 대한민국의 주식시장이 저평가되는(Korea discount) 경향이 나타났고 이에 따라 기업들의 대외 자금조달비용의 증가라는 결과로 나타나게 되었다. 때문에 저평가의 원인 중 하나인 '회계기준의 미흡'을 제거하기 위한 방편으로 국제회계기준을 그대로 채택(Adoption)하게 되었다.

▶ 국제회계기준의 도입영향

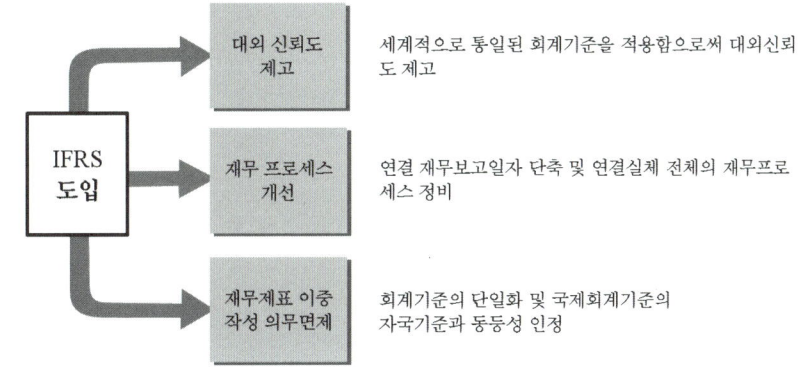

기업의 재무프로세스의 개선

국제회계기준의 도입은 단순히 회계기준의 변경뿐만 아니라 기업의 재무프로세스에 대한 개선 및 정비의 효과까지 발생시켰다. 국제회계기준이 연결재무제표를 주된 재무제표로 사용함에 따라 연결공시기간이 단축되었고, 이를 위해 각 회사의 재무보고시스템 또한 정비돼야 했던 것이다. 또한 비상장 자회사 등의 재무제표도 연결재무제표로 합산됨에 따라 지배기업의 종속기업의 재무보고프로세스에 대한 통제 및 관여가 강화되었고 투명성에 대한 요구 또한 증가하게 되었다. 국제회계기준을 도입하면서 이러한 재무프로세스의 정비가 수반되어 국제회계기준을 도입한 기업들의 재무신뢰도가 높아지는 효과가 발생했다.

재무제표의 이중작성의무 경감

해외 증권시장에서 자금을 조달한 기업들의 경우, 대한민국의 회계기준에 따른 재무제표를 작성하는 것과 별도로 현지 회계기준에 따라 재무제표를 작성해 해당국가의 정보이용자에게 제공해야 했다. 이로 인해 기업의 재무제표를 이중 삼중으로 작성하는 과정에서 많은 시간과 비용이 발생했다.

예를 들어 미국 NASE에 상장한 KT의 경우 미국기준에 따라 재무제표를 더 작성해야만 했다. 그러나 전 세계적으로 국제회계기준이 사용되면서 각 국가들은 국제회계기준을 자국의 회계기준으로 사용하거나 국제회계기준에 따른 재무제표를 자국의 회계기준과 동일시하게 되었다. 미국의 경우 국제회계기준에 따른 재무제표에 대해 자국의 회계기준과 차이를 조정해 공시하는 의무를 면제했으며 EU는 국제회계기준을 도입했거나 동등성을 인정받는 국가의 경우 재무제표를 그대로 사용할 수 있게 했다.

▶ 해외증권시장에 상장한 기업현황

특징	내용
NYSE(미국)	포스코, 국민은행, 신한금융지주, KT, SK텔레콤, 우리금융지주, LG필립스LCD, 한국전력
NASDAQ(미국)	그라비티, 인터파크지마켓, 웹젠, 필셀플러스, 하나로텔레콤
룩셈부르크(네덜란드)	KT&G, 현대제철, 하이닉스반도체, 기아자동차, 삼성물산, 삼성SDI, 한국시티은행, LG전자, 대우조선해양, 중소기업은행, 현대자동차, 한솔제지, KCC
런던(영국)	하나투어, 현대자동차, KT, 금호타이어, LG화학, LG전자, 롯데쇼핑, 맥쿼리한국인프라투자금융, 포스코, 삼성물산, 삼성전자, SK텔레콤

(source : 금융감독원, 2008)

Chapter 09

IFRS 정보, 어디서 얻을 수 있을까

지속적인 자료수집의 중요성

국제회계기준은 계속 업데이트되고 있으며 세부적인 사항에 대한 해석서들 또한 지속적으로 발표되고 있다. 때문에 정확한 작성 및 분석을 위해서는 국제회계기준을 공부하는 것만큼이나, 국제회계기준에 대한 다양한 자료를 수집하고 업데이트하는 것이 중요하다.

국제회계기준서 및 해석서 그리고 기타 제·개정사항을 비롯한 각종 교육자료들은 온라인을 통해 쉽게 확인할 수 있다. 금융감독원 홈페이지를 비롯해, 한국회계기준원 홈페이지·삼일회계법인 홈페이지·국제회계기준위원회 홈페이지 등에서 다양한 자료를 제공한다.

▶ 금융감독원 홈페이지

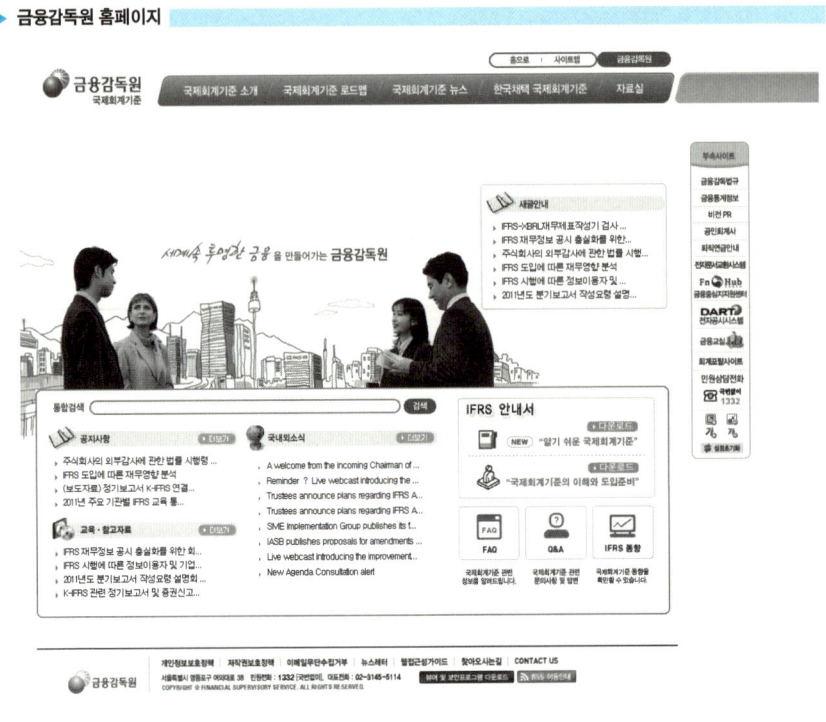

금융감독원 홈페이지(http://ifrs.fss.or.kr)

대한민국의 회계 및 금융업무에 대한 공식적인 감독당국으로서 국제회계기준에 대한 기준서 및 해석서 등을 발표하고 있다. 자료실 등에 각종 교육자료 및 공시자료를 풍부하게 제공한다.
뿐만 아니라 금융감독원의 전자공시시스템에서는 한국채택국제회계기준에 따른 재무제표를 입수할 수도 있다.

▶ 한국회계기준원 홈페이지

한국회계기준원 홈페이지(http://www.kasb.or.kr)

대한민국의 주식회사의 외부감사에 관한 법률에 의거해 회계처리 기준의 제정·개정·해석·질의회신 및 이와 관련된 제반업무를 수행하는 민간기구이다. 특히 자료실에 각 기준서별 교육자료를 제공하고 있다.

▶ 삼일회계법인 홈페이지

삼일회계법인 홈페이지(http://www.pwc.com/kr/ko/ifrs/index.jhtml)

대한민국의 대표 회계법인으로 PWC의 멤버기업(firm)인 삼일회계법인의 홈페이지이다. 대형회계법인을 중심으로 다양한 실무경험과 교육 관련자료들을 무료로 제공하고 있다. 특히 실무상 이슈문제에 대한 다채로운 정보를 입수할 수 있다.

▶ IASB 홈페이지

IASB 홈페이지(http://www.iasb.org)

국제회계기준을 제정하는 국제회계기준위원회의 홈페이지이다. 영어로 되어 있는 사이트이나 국제회계기준에 대한 제정절차·관련인사·도입국가 및 기준서와 해석서들을 원문상태로 입수할 수 있다. 기준서 외에도 각종 관련기구에 대한 정보도 확인할 수 있다.

PART 2

IFRS에서는 연결재무제표를 사용한다는데

International

Financial

Reporting

Standards

Chapter 10

연결재무제표란 무엇인가

연결재무제표란?

일반적으로 회사마다 재무정보를 나타내기 위해 작성하는 재무제표를 개별재무제표(별도재무제표)라고 한다. 그런데 법적으로는 별개의 회사지만 실질적으로는 하나의 회사인 경우가 있다.

예를 들어 한국에 기획 및 판매를 담당하는 본사가 있고 중국에 100% 지분을 소유한 생산법인이 있는 회사가 있다고 해보자. 이는 실제로는 하나의 회사에서 생산기지만 중국으로 이전한 경우인데, 법률형식상 각각 별도의 회사로 운영되고 있다. 이 경우 각각 별도의 회사로 보아 재무정보를 표시하는 것이 더 유용할까 아니면 하나의 회사로 보아 재무정보를 표시하는 것이 더 유용할까? 아마도 하나로 파악하는 것이 더 의미 있는 정보를 제공할 것이다.

▶ 연결재무제표와 개별재무재표

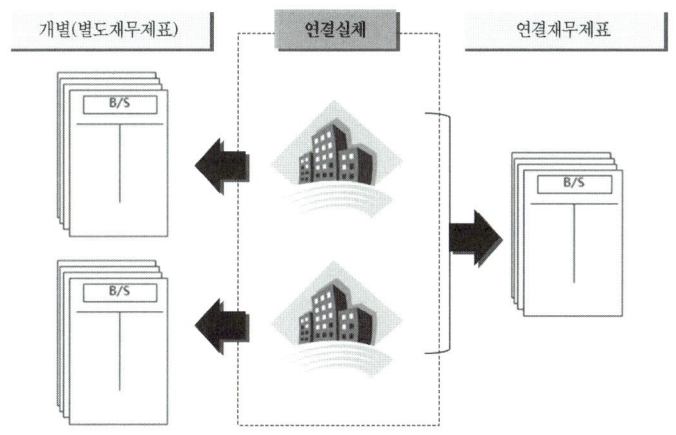

▶ 연결재무제표의 장단점

구분	특징	내용
장점	경제적 실질 파악 용이	법적 실체가 아닌 경제적 실체 단위로 재무상태 및 경영성과를 확인할 수 있음
	내부거래의 제거	연결실체 내의 내부거래로 인한 자산부채 및 매출매입 등 내부거래에 따른 영향이 재무제표에서 제거됨
단점	개별기업 정보의 함몰	개별기업에 대한 정보가 연결대상기업으로 함몰되어 투자 및 대출 등의 의사결정대상인 개별기업의 재무정보를 파악하기가 어려움
	연결범위 한계	연결범위의 설정기준에 따라 주요기업이 연결실체에 포함되거나 누락될 위험이 존재함
	상이한 사업의 결합	이종의 사업체가 연결되는 경우 유의미한 재무정보가 나오지 않을 가능성이 있음
	높은 회계지식 요구	연결재무제표에 대한 재무정보 파악에 많은 회계적 지식이 요구됨

연결재무제표(Consolidated financial statements)는 이렇게 경제적으로는 하나의 회사로 보는 것이 의미 있는 경우 지배기업(모회사)의 재무제표에 종속기업(자회사)의 재무제표를 합산해 표시하는 재무제표를 말한다.

연결재무제표의 장단점

국제회계기준은 경제적 실질에 따라 기업의 본질을 파악하는 데에는 연결재무제표가 유용하다고 판단해 이를 주된 재무제표로 사용하고 있다.

연결재무제표는 종속기업을 이용한 부당한 이익조작 및 분식결산 등의 개별재무제표의 왜곡현상을 파악하게 해주는 장점을 가지고 있지만, 이해하기 어렵고 개별기업의 정보를 파악하기 힘들다는 것이 단점이다.

Chapter 11
연결재무제표와 지분법적용 투자주식

지분법이란?

일반적으로 회사가 다른 회사의 주식을 구입한 경우 '유가증권'으로 보아 재무제표에 표시하게 된다. 그러나 만약 투자한 회사에 대해 영향력을 행사할 정도로 의미 있는 금액을 투자했을 때도 단순히 공정가치를 유가증권으로 표시하는 것일까?

회사가 다른 회사에 유의적인 영향력을 행사할 정도로 지분율을 확보한 경우(통상 20%이상 지분 보유하는 경우)에는 해당기업을 '관계기업'(관계기업에는 종속기업은 포함되지 않는다)이라고 한다.

관계기업에 투자한 금액은 '관계기업투자(지분법주식)' 등의 이름으로 재무상태표에 보여지는데, 이는 그 회사의 자본금액 중 확보한 지분율에 해당되는 금

▶ 지분법주식과 연결재무제표

구분	내용
관계기업	투자회사가 직간접적으로 유의적 영향력을 행사할 수 있는 회사. 통상 지분율이 20% 이상 확보시 관계기업으로 본다. 종속기업은 관계기업으로 보지 않는다.
종속기업	투자회사가 직간접적으로 지배권을 확보하고 있는 회사. 통상 지분율이 50% 초과 시 지배력이 있다고 본다.
관계기업투자 (지분법 주식)	다른 회사에 대한 투자주식을 자본 중 지분율에 해당되는 금액으로 표시하는 주식
관계기업투자 (지분법 주식)	지배기업이 종속기업의 재무제표를 합산하여 작성하는 재무제표

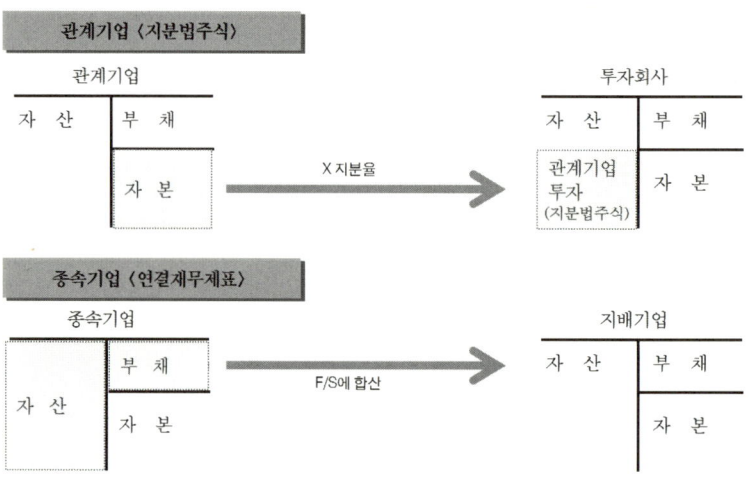

액이다. 이렇게 피투자기업의 지분에 해당하는 자본금액으로 유가증권을 평가하는 것을 '지분법'이라고 한다.

지분법과 연결재무제표

지분법으로 평가하는 주식 중에서 그 회사를 실질적으로 지배한다고 볼 수 있을 정도로 지분율을 확보한 경우(통산 50%를 초과하는 경우), 그 회사를 '종속기업(자회사)'으로 보아 투자한 회사('지배기업'이라 부른다)가 연결재무제표 작성 시 재무제표를 합산한다. 참고로 종속기업의 경우에도 별도재무제표에서는 관계기업투자(지분법주식)로 표시한다.

즉, 투자한 회사에 영향력을 행사할 정도로 투자하는 경우 그 금액을 '관계기업투자(지분법주식)'로 재무상태표에 자산의 한 항목으로 표시하고 지배할 정도의 지배력을 확보한다면 해당회사의 재무제표를 합산해 연결재무제표를 작성하게 되는 것이다.

참고로 지분법이 적용되는 경우, 관계기업에서 이익 등으로 인해 자본이 증가된다면 자본의 변동액을 '지분법손익'으로 보아 손익계산서상 이익으로 인식한다.

Chapter 12
종속회사와 관계기업 판단하기

연결재무제표를 주된 재무제표로 하는 국제회계기준이 도입되면서 기업에 가장 크게 영향을 미치는 사항 중 하나는 바로 연결재무제표에 포함되는 종속기업의 범위일 것이다. 연결범위에 따라 기업의 자산규모나 매출규모 등이 변경되어 기업순위 등 전체적 외형이 변경될 수 있다. 대상이 되는 종속기업과 지분법이 적용되는 관계에 대해 구체적으로 살펴보면 다음과 같다.

종속기업을 판단하는 기준

회사가 한 기업에 대해 지배력을 가지는 경우 연결대상이 되는 종속기업으로 분류해 연결재무제표 작성대상으로 판단한다. 국제회계기준에서는 구체적으로 다음과 같은 기준으로 지배력 여부를 판단하고 있다.

1) 지분율 기준

국제회계기준에서는 '직접 또는 종속기업을 통해 간접적으로 의결권의 과반수를 초과해 보유(50% 초과)하고 있는 경우' 지배력이 있다고 보아 연결의 대상으로 판단한다.

이때 유의할 점은 회사와 그 종속기업이 가지고 있는 지분을 고려해 판단한다는 것이다. 즉, 본인보다 상위의 지배기업 혹은 경영진 등이 가지고 있는 지분 등은 고려의 대상이 아니라는 것에 유의해야 한다. 이것은 연결재무제표상 자산에 계상되는 주식만을 가지고 지분확보 정도를 판단한다는 뜻이다(참고로 지배기업이 가지고 있는 주식은 연결재무제표에 나타나지 않는다).

또한 기존 한국회계기준에서는 30%를 초과하면서 최대주주인 경우에도 지배력이 있다고 보았으나, 국제회계기준에는 그런 규정이 없다는 점에 주의해야 할 것이다.

▶ **지배력의 판단기준**

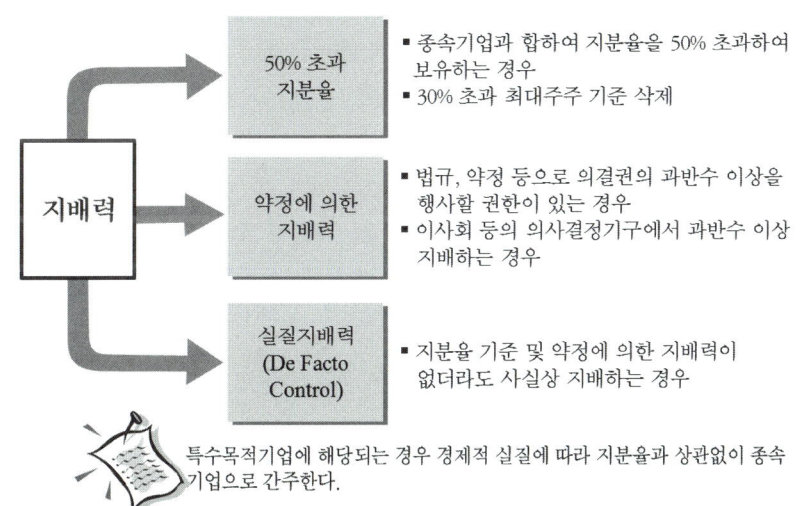

잠깐! 알아두기

지분율에 의한 연결범위의 판단사례

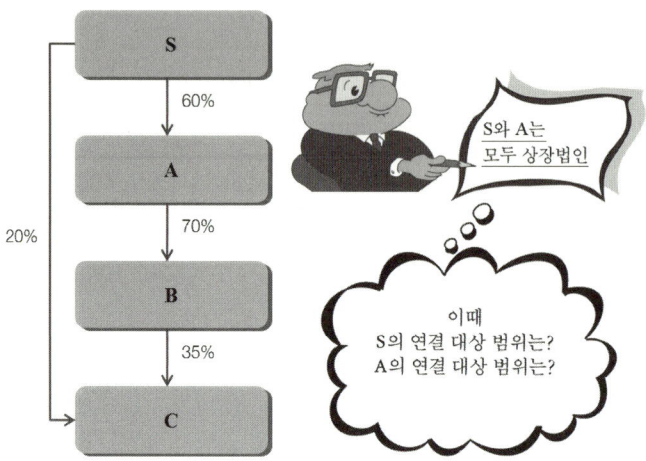

S사의 경우 A, B뿐만 아니라 직접 혹은 종속기업인 B를 통해 C에 대해서 50%를 초과해 지배력을 가지고 있으므로 A, B, C를 모두 연결대상으로 포함시킨다. 반면 A의 경우 연결재무제표 작성 시 B에 대해서는 50%를 초과해 지분율을 가지고 있으나 C에 관해서는 35%만의 지분율을 가진다. 이때 A의 지배기업인 S가 가지고 있는 C주식은 A의 연결재무제표에 나타나지 않으므로 고려하지 않는다.

참고로 실제 연결범위 고려 시 지분율에 의해 종속기업이 되지 않지만 다른 기준에 의해 종속기업이 되는지 추가로 검토해야 할 것이다.

2) 약정 등에 따른 의결권 기준

회사가 비록 다른 회사의 의결권 있는 주식을 50% 초과해 보유하고 있지 않더라도 약정 등에 의해 실제로 50%를 초과해 의사결정권한을 가지고 있다면 지배력이 있다고 볼 수 있다. 국제회계기준에서 다음과 같은 경우 약정 등에 의해 지배력이 있다고 판단한다.

> - 다른 투자자와의 **약정으로 과반수의 의결권**을 행사할 수 있는 능력이 있는 경우
> - **법규나 약정에 따라** 기업의 재무정책과 영업정책을 **결정할 수 있는 능력**이 있는 경우
> - 이사회나 이에 준하는 의사결정기구가 기업을 지배한다면, 그 **구성원의 과반수를 임명하거나 해임할 수 있는 능력**이 있는 경우
> - 이사회나 이에 준하는 의사결정기구가 기업을 지배한다면, 그 의사결정에서 **과반수의 의결권을 행사할 수 있는 능력**이 있는 경우

3) 실질지배력기준

국제회계기준은 50% 초과하는 지분율을 확보하지 못하고 법규 등에 의한 실질 지배권한이 없는 경우라도 실질지배력기준(De Facto Control)에 의해 지배력을 판단하고 있다(IASB Update 2005년 10월호).

실질지배력이란 지분율이 50% 초과이거나 다른 법률·약관 등에 의해 명확하게 피투자자의 재무·영업의사결정권의 과반을 보유하고 있지 않더라도 정황상 근거에 입각해 실질적으로 지배하고 있다고 볼 수 있는 상황이 존재함을 의미한다.

예를 들어 P사가 상장사인 Q사의 지분을 45% 보유하고 있으며, 다른 어떤 주주도 Q사의 지분을 5% 초과해 보유하고 있지 않은 경우가 있다. P사를 제외한 다른 주주들이 55% 지분에 대한 의결권을 행사하기 위해 공동으로 행동하거나

어떤 조직을 구성한 적은 없고, 과거 주주총회기록을 보면 P사를 제외한 주주의 참석율은 30% 미만이었다. 그리하여 P사는 Q사 과반수 이사회 구성원의 후보를 선출하고, 45%의 지분에 대한 의결권을 통해 이 후보들을 임원으로 선임하는 것이 가능했다면 이는 사실상 지배하고 있다고 보는 편이 타당할 것이다.

그러나 현실적으로 실질지배력에 대해 판단하기에는 매우 많은 어려움이 있다. 소유하지 못한 부분의 주식이 잘 분산되어 있는지, 소액주주들이 연합해 의사결정에 참여할 수 없는지, 앞으로도 계속해 지배력이 유효하게 될지 등에 대해 판단 내리기가 쉽지 않기 때문이다.

잠깐! 알아두기

실질지배력이란?

실질지배력을 현실적으로 판단하는 데는 어려움이 많을 것이다. 다음은 국내의 A회계법인에서 내부적으로 실질지배력 여부를 판단할 때 사용하는 참고사항이다.

- 검토대상 회사(투자자/모회사)를 제외한 나머지 주주들의 주식 분포 : 개미투자자 등 매우 광범위하게 분포되어 있는지의 여부, 통상 어떤 한 주주도 미미한 수준(통상 5% 내외 고려)을 초과해 지분을 보유하고 있지 않을 경우를 언급하나, 상황에 따라 판단할 사항이다.
- 회사의 과거 의사결정 패턴 : 주총에서 이사회 구성원을 선임하고 이 이사회가 회사의 주요 재무, 영업정책을 결정할 권한이 있는 경우를 전제한다. 주총의 의사결정에 과거 항상 회사가 과반의 의결권을 가질 수 있어왔어야 한다. 즉, 회사를 제외한 나머지 주주들의 주총 참석율이 항상 낮았을 경우가 해당될 것이며 충분한 입증이 가능해야 할 것으로 생각된다.

— 현 이사회 구성원의 과반이 회사가 선임한 사람들 구성되어 왔는지 케이스별로 판단 : 통상 주총을 통해 선임하므로, 회사가 주총에서 위와 같이 의사결정이 가능해 왔다면 회사에 우호적인 인물로 이사회 구성원의 과반을 구성할 수 있었을 것이다. 보통 회사의 전·현직 임직원인 경우가 많다.

더불어 다음과 같은 사항을 판단의 보완자료로 고려한다.
— 현 피투자자 이사회 구성원과 회사의 관계 : 전·현직 임직원 여부
— 회사에 대한 경제적 의존도·영업상의 연관성
— 기타 다른 중요한 채무관계·지급보증 등 피투자자에게 매우 중요한 영향을 미칠 수 있는 계약·보증 등의 존재여부 : 현 단계에서는 오직 보완자료로만 고려될 수 있으며 결정적 요소는 아닐 수 있다.

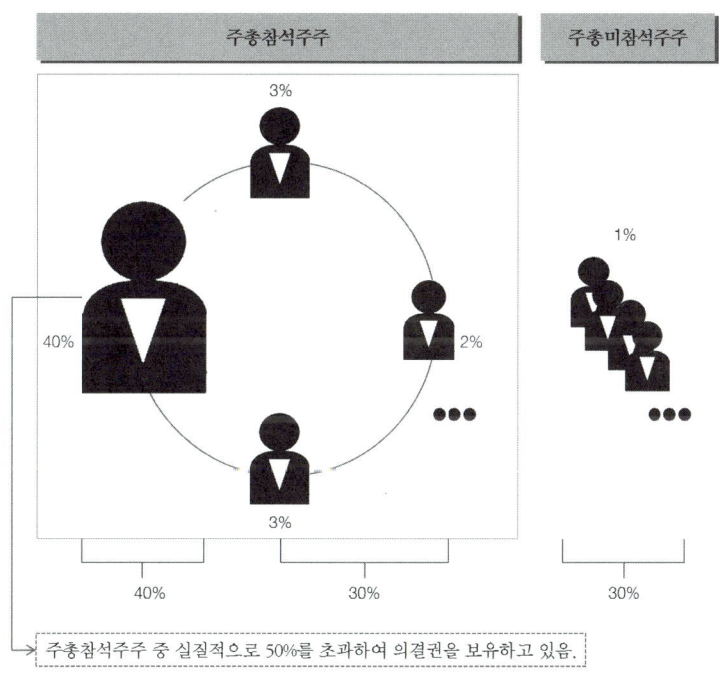

4) 특수목적기업(SPE)

특수목적기업이란 자체의 영리활동이 아니라 특수한 목적을 위해 설립된 회사를 말한다. 가장 대표적인 특수목적기업은 부실채권을 유동화시킬 목적으로 설립된 '유동화전문회사'들이다. 국제회계기준에서는 이러한 기업은 자체 목적보다 다른 회사의 영업목적으로 운영되므로 지분율과 상관없이 지배력이 있다고 판단한다.

특수목적기업에 지배력이 있다고 판단하는 예는 다음과 같다.

- 다른 기업을 위해 그 대리인으로서 활동을 수행하고 있는 경우
- 다른 기업이 특수목적기업으로부터의 효익을 과반 이상 얻을 권리가 있거나 위험의 과반 이상에 노출된 경우
- 다른 기업이 특수목적기업의 자산과 관련해 잔여 위험의 과반을 부담하고 있는 경우

뒤에서 다시 살펴보겠지만 자산유동화라든지 시행사 등이 특수목적기업이 되어 연결재무제표로 합산되는 경우, 이러한 유동화 등의 목적이 퇴색할 수 있어 사업구조에 큰 영향을 미칠 수 있다.

잠깐! 알아두기

연결대상기업의 구체적 판단기준

국제회계기준에서 연결재무제표 대상이 되는 종속기업을 판단할 때 지분율은 종속기업이 가지고 있는 것만을 고려하고 특수목적기업이나 자산규모 100억 미만의 소규모 회사도 연결에서 제외되지 않는다는 점에 특히 유의해야 한다.

① 종속기업 지분만을 가지고 판단한다.
② 특수목적기업은 지분율과 상관없이 판단한다.
③ 자산 100억 원 미만 기업도 연결대상이다.

□ 직접 또는 종속기업을 통해 간접적으로 의결권 과반수를 초과해 보유하고 있는 종속기업(50% 초과)

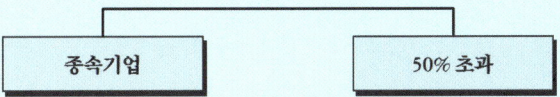

□ 특수목적기업(SPE) 및 100억 원 미만의 소규모 법인도 연결대상에 포함
□ 보유지분율이 50% 미만인 회사도 약정 등에 의해 50% 이상 영향력 행사 가능한 경우
　다른 투자자와의 약정으로 과반수의 의결권 행사 가능
　법규나 약정에 따라 회사의 재무, 영업정책을 결정
　이사회 구성원의 과반수를 임명하거나 해임할 수 있는 능력이 있는 경우
□ 실질지배력을 가진 경우
　지배회사는 사실상 지배하는 다른 회사에 대한 연결재무제표 작성여부를 결정하고 이를 일관되게 적용해야 함. 사실상의 지배력에 따라 연결재무제표를 작성하는 경우 그 사유를 해당 재무제표의 주석으로 공시함.

심화학습

경제기사로 읽는 '특수목적기업'

「올해부터 국제회계기준(IFRS)이 본격 도입됨에 따라 사모펀드로 운용돼 온 110조 원이 넘는 법인자금이 공모펀드나 랩상품으로 움직일 채비를 하고 있다.

5일 금융투자업계에 따르면 금년부터 IFRS 시행에 따라 특수목적기업(펀드)으로 분류되는 펀드의 연결재무재표 작성이 의무화됐다.

이에 따라 상장법인과 금융기관이 펀드를 통해 자금을 굴리는 경우, 지분율이 50% 이상이면 종속법인으로 간주해 분기별로 주식이나 채권 보유 내역을 종목별로 공시를 해야 하는 의무가 생기게 된다.

현재 상장법인과 금융기관들은 대부분 스스로를 단독수익자로 한 사모펀드를 통해 자금을 운용하고 있기 때문에, 이들 법인은 보유 내역을 일일이 공시하는 것을 피하고자 사모펀드를 통해 운용하던 자금을 공모펀드로 옮기거나 일임형 랩어카운트로 대체할 것으로 예상되고 있다.」

-연합뉴스, 2011년 1월 5일

관계기업을 판단하는 기준

회사가 한 기업에 유의적 영향력을 행사할 수 있는 경우 해당 투자금액을 지분법으로 평가해 '지분법주식(관계기업투자)'으로 자산에 계상하게 된다. 이렇게 유의적 영향력을 행사할 수 있는 기업을 관계기업이라고 한다.

참고로 연결대상이 되는 종속기업은 관계기업에 포함시키지 않는다. 유의적 영향력을 가지는지 여부는 다음과 같은 기준에 따라 판단하게 된다.

1) 지분율 기준

국제회계기준에서는 '직접 또는 종속기업을 통해 간접적으로 20% 이상의 의결권'을 확보하는 경우 명백한 반증이 없는 한 유의적 영향력이 있다고 판단한다. 이때 유의해야 할 점은 종속기업이 가지고 있는 지분을 단순 합산해 평가하지 지배기업 혹은 다른 관계기업이 가지고 있는 주식은 합산하지 않는다는 것이다.

2) 사실상 유의적 영향력이 있는 경우

회사가 비록 다른 회사의 의결권 있는 주식의 20%를 초과해 보유하고 있지 않더라도 다음과 같이 여러 정황상 사실상 유의적 영향력을 행사할 수 있다.

- 피투자자의 이사회나 이에 준하는 의사결정기구에 참여
- 배당이나 다른 분배에 관한 의사결정에 참여하는 것을 포함해 정책결정과정에 참여
- 투자자와 피투자자 사이의 중요한 거래
- 경영진의 상호 교류
- 필수적 기술정보의 교류

Chapter 13
비지배지분이란 무엇인가

연결재무제표와 비지배지분

연결재무제표는 기본적으로 지배기업의 재무제표에 종속기업의 재무제표를 합산하는 것이다. 다만, 지배기업과 종속기업 간의 내부거래나 상대에 대한 채권채무 등은 실제로 두 회사를 한 회사로 보는 경우 존재할 수 없는 항목이므로 이러한 항목들은 상계해 조정하게 된다. 그리하여 자산·부채 및 매출·매입은 원칙적으로 '지배기업'의 금액과 '종속기업'의 금액이 합산되는 것이다.

그런데 합산되는 자산·부채는 100%를 더하는 것일까 아니면 보유하고 있는 지분율만큼 합산하는 것일까? 연결재무제표에서는 종속기업은 지배기업이 전적으로 의사결정을 할 수 있는 지배력을 가지고 있다고 판단하므로 100%를 소유하고 있다고 보아 자산·부채 및 매출·매입의 100%를 합산하게 된다.

▶ 반기연결재무상태표 예시

반 기 연 결 재 무 상 태 표
제 9 기 반기 : 2010년 6월 30일 현재
제 8 기 : 2009년 12월 31일 현재

주식회사 케이티앤지 (단위 : 백만 원)

과목	주석	제 9 기 반기		제 8 기	
자본					
지배기업의 소유주지분:			13,052,201		11,804,178
납입자본:			3,017,088		3,017,088
자본금		809,169		809,169	
주식발행초과금		2,207,919		2,207,919	
이익잉여금	11		10,423,165		9,214,309
기타포괄손익누계액			-117,156		-156,886
기타자본구성요소	12		-270,896		-270,333
비지배지분:			209,153		621,068
비지배지분		209,153		621,068	
자본총계			13,261,354		12,425,246
부채와 자본총계			34,035,518		32,114,512

그러면 연결재무제표에 합산되는 순자산 중 확보하지 못한 부분은 어떻게 표시할까? 바로 재무상태표상 대변의 자본항목 중 '비지배지분'이라는 것으로 표시한다. 즉, 재무상태표 상 비지배지분은 합산되는 종속기업의 순자산 중에서 지배기업이 확보하지 못한 지분(외부주주의 지분)을 의미한다.

포괄손익계산서도 마찬가지로 매출·매입 등의 항목을 100% 소유한 것으로 가정해 합산한다. 따라서 포괄손익계산서의 당기순이익·포괄손이익은 '지배기업'과 '종속기업'의 수치가 합산된 것이다. 지배기업이 확보하지 못한 종속기업의 손익은 포괄손익계산서의 당기순이익 등 아래에 '비지배지분'으로 구분해 표시해 주고 있다.

참고로 지배기업 몫은 '지배기업 소유주 지분'으로 표시한다.

▶ 연결포괄손익계산서 예시

연 결 포 괄 손 익 계 산 서
제 23(당) 기 2009 년 01 월 01 일부터 2009 년 12 월 31 일까지
제 22(전) 기 2008 년 01 월 01 일부터 2008 년 12 월 31 일까지

주식회사 케이티앤지와 그 종속기업 (단위 : 원)

과목	주석	제 23(당) 기	제 22(전) 기
매출	3, 28	3,626,353,016,443	3,312,319,168,326
매출원가	28	-1,553,264,055,882	-1,312,531,629,514
〈중략〉			
법인세비용차감전이익		1,161,878,069,444	1,125,127,459,501
법인세비용	26	-311,783,741,194	-349,998,896,168
당기순이익		850,094,328,250	895,128,563,333
기타포괄손익:			
매도가능금융자산평가이익	8, 25	101,055,497,046	25,637,184,731
해외사업장환산외환차이		-3,043,811,453	3,709,790,043
보험수리적이익(손실)	22	20,415,734,829	-35,016,639,238
법인세비용차감후기타포괄이익(손실)		118,427,420,422	-5,669,664,464
		968,521,748,672	889,458,898,869
총포괄이익			
당기순이익의 귀속:			
지배기업 소유주지분		851,090,631,813	897,777,026,401
비지배 지분		-996,303,563	-2,648,463,068
		850,094,328,250	895,128,563,333
합계			
총포괄이익의 귀속:			
지배기업 소유주지분		968,973,378,720	892,784,733,799
비지배지분		-451,630,048	-3,325,834,930
		968,521,748,672	889,458,898,869
합계			
주당이익:			
기본및희석주당이익	27	6,630	6,899

Check Point

자본은 지배회사 주주 것(지배회사지분)도 있지만 종속기업 주주 것(비지배지분)도 있다!

Chapter 14
다양한 재무제표, 무엇을 사용할 것인가

　재무제표는 기업의 자회사 및 관계기업에 대한 투자금액을 어떻게 회계처리 하느냐에 따라 연결재무제표, 별도재무제표, 개별재무제표로 분류해 볼 수 있다. 즉, 투자금액을 투자한 금액 자체로 주식으로 보여줄 수도 있고, 지분법평가를 해 주식으로 보여줄 수도 있는 것이다. 그리고 아예 하나의 회사로 보아 투자한 회사의 재무제표를 합산해 작성할 수도 있을 것이다.

재무제표의 종류

1) 연결재무제표
　투자한 회사와 하나의 회사로 간주해, 투자한 회사의 자산·부채 및 매출·매입을 자신의 재무제표와 합산해 작성하는 재무제표. 투자한 회사에 대한 지배력이 있으므로 실제 지분율에 상관없이 자산 등의 항목을 100% 합산한다(타인이 소유한 지분율만큼은 '비지배지분'으로 구분해서 표시함).

연결재무제표에서도 관계기업(지분법적용대상)에 대한 투자는 관계기업투자(지분법주식)로 표시한다.

2) 개별재무제표

투자한 기업의 자본 중 **지분상당액으로 투자금액(주식)을 표시하는** 재무제표. 투자한 회사에서 이익이 나거나 손실이 나면 자본이 그만큼 변동하므로 이를 지분법손익으로 처리해 투자기업의 영업외손익으로 인식한다.

3) 별도재무제표

투자금액(주식)을 단순히 투자한 금액(주식의 취득원가) 혹은 결산일 현재의 공정가치로 평가해 표시하는 재무제표. 종속기업과 관계기업에 대한 주식을 모두 취득원가나 공정가치로 평가한다.

▶ 투자주식의 회계처리에 따른 재무제표의 종류

구분	설명
개별재무제표	■ 개별기업의 재무상태와 경영성과를 나타내는 재무제표 ■ 종속기업과 관계기업의 재무성과를 **지분법에 의해 평가**하여 당기손익에 반영
연결재무제표	■ 지배기업과 종속기업을 하나의 회사로 간주하여 재무상태와 경영성과를 나타내는 재무제표
별도재무제표	■ K-Gaap에 따른 개별재무제표에 대비되는 재무제표가 아님 ■ 종속기업, 공동지배기업 및 관계기업에 대한 투자자산을 지분법으로 평가하지 않고 "원가법" 혹은 "공정가치"로 처리

어떤 재무제표를 사용할 것인가

국제회계기준에서는 종속기업의 존재여부에 따라 해당 공시되는 재무제표의 종류가 다르므로 어떠한 재무제표인지 확인할 필요가 있다.

1) 종속기업이 있는 경우

종속기업이 있는 경우 원칙적으로 연차 및 분반기보고 시 **연결재무제표를 공시**해야 한다. 다만 개별실체에 대한 재무정보를 파악하기 위해 **별도재무제표를** 동시에 공시한다.

연결재무정보는 지배기업뿐만 아니라 종속기업의 재무정보까지 포함하므로 개별회사의 재무결산을 할 때보다 결산에 시간이 많이 소요된다. 따라서 기업에 굉장히 큰 부담이 될 수 있다. 이러한 점을 고려해 2010년 말 현재 자산규모가 2조 원 미만인 기업에 대해서는 2012년까지 분기 및 반기보고서를 연결재무제표로 작성해야 하는 의무를 면제시켜 주었다.

2) 관계기업만 있는 경우

당연히 관계기업만 있는 경우 연결재무제표를 작성할 필요는 없고 관계기업의 주식에 대해 **지분법평가를 하는 개별재무제표만을** 공시한다. 관계기업만 있는 경우에는 별도재무제표를 따로 작성하지 않아도 된다.

▶ 규모에 따른 재무제표의 공시의무

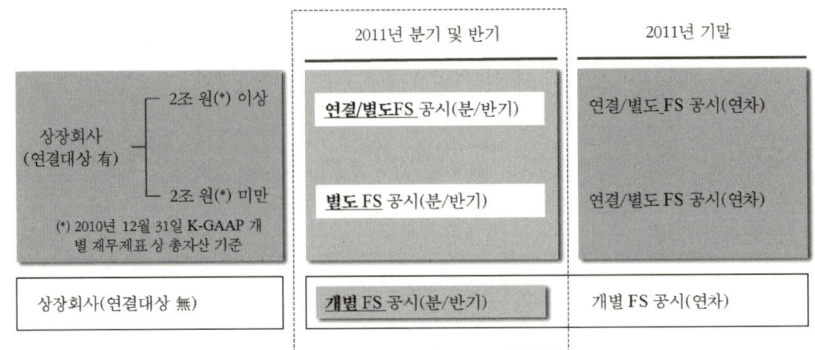

▶ 재무재표의 종류와 투자주식의 회계처리

	종속회사가 있는 경우		관계회사만 있는 경우
	연결F/S	별도 F/S	개별F/S
종속기업	재무제표 합산	취득금액/공정가액	N/A
관계기업	지분법평가	취득금액/공정가액	지분법평가

Chapter 15
재무제표 공시제도를 확인하자

연차 재무제표의 공시

연결재무제표가 주된 재무제표가 되기 위해서는 정보이용자가 연결재무제표에 대한 감사보고서를 개별회사에 대한 재무제표보다 늦게 입수해서는 안 될 것이다. 따라서 한국채택국제회계기준에서는 연결재무제표와 개별회사에 대한 재무제표(개별재무제표,별도재무제표)에 대한 공시일정을 동일하게 규정했다.

회사는 연결재무제표를 감사인에게 정기주주총회 4주 전에 제출하도록 하고 있으며 감사인은 정기주총 1주 전에 이를 회사에 제출하고 공시하도록 하고 있다. 정보이용자는 회사의 **정기주주총회 1주일 전**에 기업의 연결 및 개별(별도)재무제표를 입수할 수 있게 되었다.

사업보고서의 공시

상장법인 등의 경우 '자본시장과금융투자업에관한법률'에 따라 사업보고서에 감사보고서를 첨부해 금융위원회와 한국거래소에 제출해야 한다. 이때 연결기준으로 사업연도 종료 후 90일 이내에 사업보고서를 제출해야 한다. 과거에는 자산규모별, 상장여부별 연결재무제표에 대한 감사인에게 제출하는 기간과 회사의 공시기간 등이 달랐으나 국제회계기준을 적용 받는 법인들은 자산규모 등에 따라 공시일정의 차이가 없어지게 된다.

▶ 재무제표 제출기일의 변경

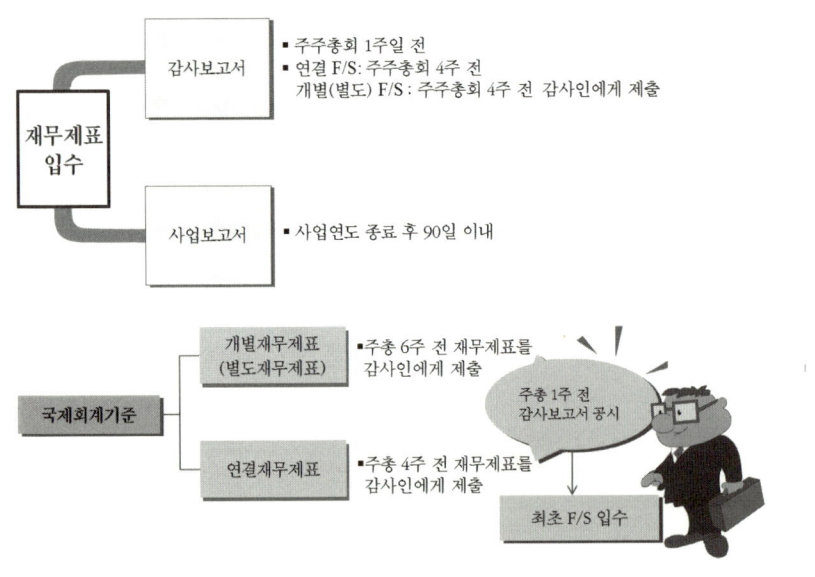

예를 들어 결산일이 2011년 12월 31일이고 정기주주총회가 2012년 3월 18일인 경우, 회사는 감사인에게 결산 재무제표를 정기주총 4주 전인 2012년 2월 18일까지 제시해야 한다. 감사인은 회사에 정기주총 1주 전인 2012년 3월 11일까지 제출하고 회사는 이를 즉시 한국거래소에 제출하므로 정보이용자는 이때 처음으로 재무제표를 입수할 수 있다.

▶ 제출기한 변경현황

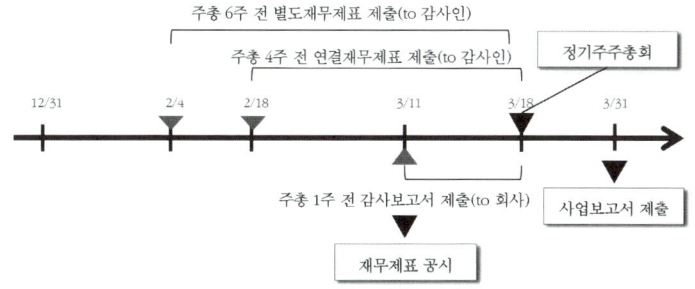

분반기보고서의 공시

국제회계기준은 연결재무제표를 주된 재무제표로 사용하므로 국제회계기준에 따른 재무정보를 사업보고서에 공시하는 법인은 분반기사업보고서도 연결기준으로 공시해야 한다. 다만, 2011년 1월 1일 이후 최초로 시작되는 사업연도부터 국제회계기준을 적용하는 법인의 경우, 2010년 12월 31일 현재 자산규모가 2조 원 미만인 기업은 2012년 1월 1일 이후 최초로 시작되는 사업연도까지는 개별회사의 재무제표 기준(별도재무제표)으로 분반기보고서를 작성할 수 있도록 했다.

즉, 12월 말 법인의 경우 2011년과 2012년에는 분반기사업보고서를 연결기준으로 작성하지 않아도 된다. 이는 연결재무정보를 작성·공시하는 프로세스를 갖추기 위해 현실적으로 많은 시간과 노력이 필요하므로 2년간 준비기간을 더 준 것이다.

그러나 2009년과 2010년에 국제회계기준을 조기 적용한 법인들은 준비가 충분하다고 보아 2년간 분반기사업보고서를 연결기준으로 작성하는 것이 면제되지 않는다.

분반기사업보고서는 분반기 경과 후 45일 이내에 금융위원회와 한국거래소에 제출해야 한다. 다만 연결재무제표를 기준으로 분반기사업보고서를 제출하는 경우, 2년간 기간 경과 후 60일 이내에 제출할 수 있도록 했다.

▶ **국제회계기준 도입기준**

적용기준	자산규모	2009~2010년	2011~2012년	2013~2014
2011년 적용	자산 2조 원 이상		60일 내 연결기준	45일 내 연결기준
	자산 2조 원 미만		45일 내 별도 재무제표 기준	60일 내 연결기준
조기 적용	자산 2조 원 이상	조기 적용 후 2년 간 60일 내 연결기준		45일 내 연결기준
	자산 2조 원 미만			

심화학습

점차 활발해지는 연결납세제도 도입 논의

연결재무제표가 주된 재무제표가 됨에 따라 세무측면에서도 연결납세제도에 대한 논의가 활발하게 이루어지고 있다. 연결납세제도의 개념과 도입취지 등은 다음과 같다.

1) 연결납세제도의 정의

연결납세제도란 내국법인으로서 모(母)회사(지배기업)와 자(子)회사(종속기업)가 경제적으로 결합되어 있는 경우, 경제적 실질에 따라 해당 모회사와 자회사를 하나의 과세단위로 보아 소득을 통산해 법인세를 과세하는 제도를 말한다. 이는 2008년 12월 26일 법인세법 개정 시 도입했으며, 1년간의 유예기간을 거쳐 2010년 1월 1일 이후 개시하는 사업연도부터 시행되었다. 연결납세제도는 OECD 회원국 중 미국, 독일, 프랑스 등 21개국이 시행하고 있다.

2) 연결납세제도의 도입 취지

연결납세제도는 법률형식상 다음과 같이 각각 별도 법인으로 존재하는 경우와 하나의 법인으로 존재하는 경우, 실질이 같다면 이를 하나의 납세의무자로 보는 것이 조세부담의 형평성 및 중립성에 부합한다고 볼 수 있다. 이렇게 연결납세제도를 취하면 결손금에 대한 공제를 받지 못하던 법인의 결손금을 이익이 나는 회사의 과표에서 공제 받을 수 있어 세부담이 줄어드는 효과가 발생한다.

● 개별납세제도와 연결납세제도

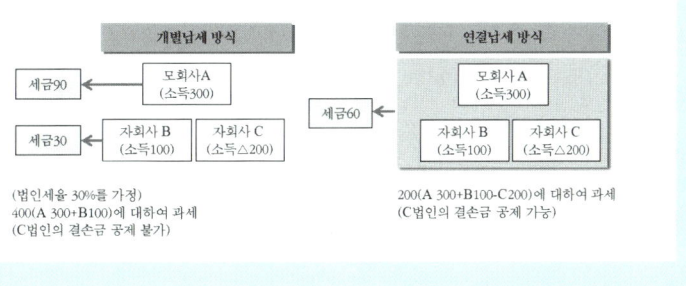

3) 연결납세제도의 적용

연결납세제도를 적용하고자 하는 법인은 원칙적으로 연결사업연도 개시일 전 3개월이 되는 날까지 신청해야 하나 시행 첫 해인 2010년은 2월 1일까지 신청한다. 이렇게 연결납세제도를 선택하게 되면 5년간 계속 적용해야 한다.

연결납세제도를 선택한 기업은 사업연도 종료 후 4개월 이내에 법인세신고를 해야 한다. 이러한 법인세신고는 모회사만 하면 충분하고 자회사는 별도로 법인세신고를 하지 않는다.

● 연결납세제도의 적용내용

구분	적용대상
적용대상	100% 지분 소유한 기업(사업연도 개시 3개월 전) 모든 자회사에 대해 적용하고 일부 자회사에 대하여 신청할 수 없음
적용시기	2010년 1월 1일 이후 개시하는 사업연도
납세의무자	연결 모회사(자회사는 별도 법인세 신고의무 없음)
법인세신고기한	사업연도 종료 후 4개월 이내

4) 연결납세제도의 적용 시 주요 조정항목

① 접대비 : 연결 수입금액으로 접대비 한도기준이 변경되면서 손금불산입액이 변경됨
② 기부금 : 연결 소득금액으로 기부금 한도기준이 변경되면서 손금불산입액이 변경됨
③ 수입배당금: 수입배당금 익금불산입 시 자회사의 배당은 제외되고 또한 연결실체의 보유지분율이 개별과 달라지면서 변경사항이 발생함
④ 내부거래손익 : 연결실체간 내부거래가 조정됨에 따라 세무조정사항 발생

PART 3

IFRS재무제표, 어떻게 생겼을까

International

Financial

Reporting

Standards

Chapter 16
국제회계기준에 따른 재무제표의 구성

국제회계기준상 재무제표의 종류

기업의 재무상태 및 재무성과 등은 재무제표를 통해서 구체화되어 정보이용자에게 전달된다. 국제회계기준에서는 재무제표를 기업의 자산부채 현황을 나타내는 **재무상태표**(Statement of financial position), 영업성과를 표시하는 **포괄손익계산서**(Statement of comprehensive income), 현금흐름의 내용을 나타내는 **현금흐름표**(Statement of cash flow)와 자본의 변동내역을 보여주는 **자본변동표**(Statement of changes in equity) 및 주석(Notes)으로 규정하고 있다.

과거 재무제표에 포함되었던 이익잉여금처분계산서(Statement of Retained Earnings)는 국제회계기준상 재무제표에서 제외되었다. 이익잉여금에 대한 정보는 자본변동표에서 제공 가능하기 때문이다.

다만 아직 대한민국에서는 상법상 재무제표에 이익잉여금처분계산서가 포함되어 있으므로 이러한 내용을 주석으로 공시하도록 하고 있다.

참고로 국제회계기준의 재무제표 표시방법에 있어서 특징적인 것 중 하나는 세부 계정과목을 재무제표상에서 보여주기보다 주석에서 상세내역으로 보여준다는 점이다. 예를 들어 재무상태표에는 유형자산만을 표시해주고 그 세부항목인 토지·건물·기계장치 등의 내역은 주석에 표시한다. 따라서 주석에 대한 활용이 높아질 것으로 예상된다.

그리고 계정과목명칭에 최소한의 항목만 규정하고 가급적 기업의 경제적 실질에 맞게 자율성을 많이 부여했다. 이로 인해 비교가능성이 떨어져 보일 수도 있어 금융감독원에서 표준계정과목을 제정해 권고하려 하고 있다.

▶ **재무제표의 종류**

구분	내용
재무상태표	일정시점의 현재 기업 자산, 부채, 자본 -즉 재산상태를 나타내는 재무제표
포괄손익계산서	일정기간의 수익, 비용, 이익 -즉, 경영성과를 나타내는 재무제표
현금흐름표	일정기간의 현금흐름을 영업, 투자, 재무활동으로 나타내는주는 재무제표
자본변동표	일정기간 자본의 변동에 관한 정보를 제공하는 재무제표
주석	재무상태표 등에 숫자로 표시되지 못하는 다양한 정보를 제공하는 재무제표

▶ 회계기준별 재무제표의 구성

한국채택 국제회계기준	일반기업회계기준	(구)기업회계기준서
▪재무상태표 ▪**포괄손익 계산서 또는 두 개의 보고서** ▪현금흐름표 ▪자본변동표 ▪주석	▪재무상태표 ▪손익계산서 ▪현금흐름표 ▪자본변동표 ▪주석	▪재무상태표 ▪손익계산서 ▪**이익잉여금처분계산서** ▪현금흐름표 ▪자본변동표 ▪주석

일반기업회계기준과 한국채택국제회계기준에서는 이익잉여금처분계산서를 주석으로 공시하도록 하고 있다.

Chapter 17
재무상태표, 무엇이 달라지나

　재무상태표(statement of financial position)는 일정시점에 있어서 기업의 재무상태를 나타내는 보고서이다. 여기에서 재무상태란 현금·토지·건물·기계장치 등 기업이 소유하고 있는 재산에 해당하는 자산(asset)과, 동 자산을 구입한 자금의 출처에 따라 타인에게서 조달한 부채(liability) 및 기업의 실질적 소유자인 주주로부터 조달한 자본(owner's equity)에 대한 정보를 의미한다. 국제회계기준 재무상태표의 특징을 살펴 보면 다음과 같다.

계정과목의 통합

국제회계기준이 적용된 재무상태표는 기존의 기업회계기준에 비해 계정과목을 통합해서 많이 사용된다. 예를 들어 매출채권과 대여금 등을 합해 표시하는 경우가 많다.

또한 재무상태표에서 계정과목의 세부내용을 모두 보여주기보다 주석에서 그 내용을 표시하는 경우가 많다. 따라서 자산의 세부내역을 확인하기 위해서는 주석을 확인해야 하는 등 과거에 비해 번거로움이 있을 수 있다.

거의 나타나지 않는 소계표시계정

과거 기업회계기준에서는 유동자산을 당좌자산과 재고자산으로 나누고 자본도 자본금, 자본잉여금등으로 체계화해서 소계항목들을 표시했다. 그러나 국제회계기준이 적용된 재무제표에는 유동항목과 비유동항목을 구별하는 소계표시계정이 나타날 수는 있으나 당좌자산과 같은 소계표시계정들은 거의 나타나지 않게 된다.

▶ **재무상태표의 계정**

	차변	대변
재무상태표에 최소한의 정보(계정과목) 표시해야 하는	■유형자산 ■투자부동산 ■무형자산 ■금융자산 ■지분법에 따라 처리하는 투자자산 ■생물자산 ■재고자산 ■매출채권 및 기타채권 ■현금 및 현금성자산 ■매각예정으로 분류된 자산	■매입채무 및 기타채무 ■충당부채 ■금융부채 ■법인세 관련자산/부채 ■이연법인세자산/부채 ■비지배지분 ■납입자본과 적립금

▶ 재무상태표 예시

주식회사 케이티앤지 (단위 : 원)

과목	주석	제 23(당) 기 기말	제 22(전) 기 기말
자산			
비유동자산			
유형자산	3	1,210,425,812,871	1,275,535,503,343
무형자산	4	45,041,298,735	41,260,238,923
투자부동산	5	101,899,942,480	105,074,494,099
관계기업투자	6	2,830,010,000	7,277,210,000
종속기업투자	7	720,329,558,435	662,668,428,437
매도가능금융자산	8, 26	441,842,859,866	301,956,034,190
장기예치금	9, 26, 27	118,121,419,628	110,261,055,208
장기선급비용		4,926,880,896	5,343,131,206
장기매출채권및기타채권	10, 26	106,566,562,887	122,121,618,369
비유동자산 합계		2,751,984,345,798	2,631,497,713,775
유동자산			
재고자산	11	1,054,321,125,128	1,147,096,423,053
매출채권및기타채권	10, 25, 26	505,731,427,796	517,643,791,945
선급담배소비세등		169,440,447,325	201,773,941,795
선급금		10,776,256,072	21,296,833,992
선급비용		1,394,663,864	2,575,545,053
매도가능금융자산	8, 26	1,956,835,000	2,148,624,000
기타금융자산	26		1,000,000,000
현금및현금성자산	12, 26	268,953,901,434	88,351,606,837
소계		2,012,574,656,619	1,981,886,766,675
매각예정비유동자산	28	23,245,662,976	-
유동자산 합계		2,035,820,319,595	1,981,886,766,675
자산 총계		4,787,804,665,393	4,613,384,480,450

계정과목의 배열순서도 선택 가능

국제회계기준은 계정과목을 표시함에 있어서 유동성항목과 비유동성 항목을 구별해서 표시할 수 있다(유동비유동법). 또한 유동항목과 비유동항목을 구별하지 않고 유동성 순서대로 자산·부채를 배열할 수도 있다(유동성배열법). 유동항목과 비유동항목을 구분하는 경우에도 반드시 유동자산이 먼저 나와야 하는 것은 아니다. 유동자산을 먼저 표시할지 비유동자산을 먼저 표시할지 자유롭게 선택할 수 있도록 하고 있다.

매각예정비유동자산은 별도 표시

손익계산서에서는 중단사업과 관련된 손익은 순액으로 별도 구분해 표시한다.

▶ 재무상태표 예시

제 9 기 2010년 12월 31일 현재
제 8 기 2009년 12월 31일 현재

LG 전자주식회사 (단위: 백만 원)

과 목	주석	제 9 기		제 8 기	
자 산					
유 동 자 산			16,514,533		16,910,073
현금및현금성자산	6	1,944,162		2,423,787	
금융기관예치금	6	85,000		223,000	
매출채권	7	7,001,962		7,637,131	
기타수취채권	7	525,046		714,636	
기타금융자산	8	1,814		902	
재고자산	9	5,872,420		4,899,313	
기타자산	10	1,079,099		1,011,304	
매각예정비유동자산		5,030		-	
비 유 동 자 산			15,803,966		15,204,439
금융기관예치금	6	105,479		162,373	
기타수취채권	7	543,562		478,226	
기타금융자산	8	105,601		102,473	
유형자산	11	6,500,484		7,708,933	
무형자산	12	763,382		803,828	
이연법인세자산	17	968,751		693,789	
종속기업, 조인트벤처 및 관계기업 투자	13	6,008,145		4,404,163	
투자부동산	14	7,295		12,979	
기타자산	10	801,267		837,675	
자 산 총 계			32,318,499		32,114,512

매각예정비유동자산은 당기에만 분류표시하고 전기 재무상태표에는 수정하지 않는다.
반면 손익항목은 당기뿐만 아니라 전기 포괄손익계산서에도 중단 영업손익으로 수정해 공시해야 한다.

국제회계기준에서는 자산부채에 대해서도 사업중단과 1년 이내 매각할 것으로 예상되는 자산·부채를 매각예정비유동자산(부채)으로 별도 분류해 표시하도록 하고 있다. 이때 자산부채를 상계해 표시하지 않고 각각 별도로 표시한다. 매각예정비유동자산(부채)은 유동항목으로 분류될 것이다. 매각예정비유동자산으로 분류되면 감가상각은 중단하고 매각으로 회수가능한 금액(순공정가치)과 장부금액 중 작은 금액으로 표시하게 된다.

중단사업과 관련한 자산·부채는 당기에만 매각예정비유동자산·부채로 표시하는데 중단사업에서 발생한 손익은 당기뿐만 아니라 전기재무제표도 재작성해 중단영업손익으로 표시해주고 있음에 주의해야 한다.

잠깐! 알아두기

유동자산 vs. 비유동자산

재무상태표에 자산항목을 표시할 때 유동항목을 먼저 표시하는 것이 적합할 것인가 비유동항목을 먼저 표시하는 것이 더 목적에 적합할까? 정확한 답은 없다. 유동자산을 먼저 표시하는 경우 기업의 유동성이 가장 중요한 재무정보 중 하나라고 판단했을 가능성이 높다. 반면 비유동자산을 먼저 표시하는 것은 기업의 생산설비라고 하는 비유동자산의 보유를 가지고 기업의 가치를 판단하는 상황일 것이다. 따라서 정보이용자의 관심과 경제상황 등을 고려해 판단할 필요성이 있다.

Chapter 18

포괄손익계산서, 어떻게 표시하나

포괄손익계산서(statement of comprehensive income)는 일정기간 동안에 발생한 모든 수익과 이에 대응하는 모든 비용을 적정하게 표시함으로써 기업의 경영성과를 명확히 보고하기 위한 재무제표이다. 국제회계기준에서 포괄손익계산서의 특징은 다음과 같다.

비용은 기능별 및 성격별로 분류 표시

기업에서 발생한 비용을 표시하는 방법은 인건비·원재료비·감가상각비 등과 같이 ① 무엇을 사용해 비용이 발생했는지를 표시할 수도 있고(성격별 분류), 매출원가·판매비와 관리비 등 ② 어떠한 목적으로 비용이 발생되었는지를 표시할 수도 있다(기능별 분류). 만일 기업이 기능별로 비용을 포괄손익계산서에 표시하게 되면 주석에 어떠한 비용이 발생했는지 비용의 성격에 대해서 공시(성격별분류)해야 한다.

기타포괄손익을 포괄손익계산서에 표시

포괄손익계산서는 기업의 영업성과에 대한 정보를 제공해주는데, 일반적으로 정보이용자는 경영성과를 영업이익 혹은 당기순이익으로 판단해 왔다. 국제회계기준에서는 이러한 경영성과에 '기타포괄손익'을 포함해 포괄손익계산서 본문에 기재하도록 했다. 때문에 손익계산서의 명칭도 포괄손익계산서로 불리게

▶ **성격별 분류 vs. 기능별 분류**

성격별 분류			기능별 분류		
연결 손익계산서 20X2년 12월 31일 종료 ㈜네오XX (단위: 백만원)			연결 손익계산서 20X2년 12월 31일 종료 ㈜네오XX (단위: 백만원)		
	주석 20X2	20X1		주석 20X2	20X1
영업수익	27,319	22,499	영업수익	27,319	22,499
영업비용			매출원가	11,253	9,115
지분법손실	311	66	매출총이익	16,066	13,384
금융비용	1,564	1,684			
종업원급여	7,193	6,378	기타수익	1,807	998
감가상각비와 상각비	142	211	기타비용	7,685	5,633
관리비	7,889	5,372			
기타비용	32	40			
	17,131	13,750	영업이익	10,188	8,749
법인세차감전순이익	10,188	8,749	법인세차감전순이익	10,188	8,749
법인세비용	2,472	3,007	법인세비용	2,472	3,007
당기순이익	7,716	5,742	당기순이익	7,716	5,742

되었다. '기타포괄손익'은 당기 중 발생했으나 당기손익항목처럼 실현되었다고 보기에는 다소 어려운 미실현평가손익의 의미를 가지고 있다.

실제로 이러한 기타포괄손익도 미래에 실현될 가능성이 높은 잠재된 손익이므로 기업 영업성과에 대한 중요한 정보일 수 있다. 따라서 국제회계기준은 당기순이익 외에도 기타포괄손익을 포함해 총포괄이익을 손익계산서에 공시하도록 하고 있다.

잠깐! 알아두기

기타포괄손익(OCI-Other Comprehensive Income)의 종류

	구분	설명
기타포괄손익	매도가능자산평가손익	매도가능자산에서 발생한 평가손익
	재평가잉여금	유·무형자산의 재평가로 발생한 평가손익
	해외사업환산차·대	표시통화가 아닌 외화재무제표의 환산에서 발생한 손익 (예: 해외자회사의 재무제표의 환산손익)
	보험수리적손익	확정급여채무(퇴직급여채무) 등을 추정함에 보험수리적 가정의 변화로 인하여 발생하는 손익

포괄손익계산서 vs. 두 개의 보고서

포괄손익계산서는 하나의 재무제표에서 당기순이익과 총포괄이익을 표시할 수 있으나 총포괄손익에 대해 익숙하지 않은 정보이용자를 위해 각각 별도의 재무제표로 표시할 수 있다. 이를 두 개의 보고서라고 한다. 국제회계기준에서는 기업마다 자율적으로 포괄손익계산서의 형태를 선택할 수 있다.

영업손익 vs. 영업외손익

국제회계기준에서는 매출총이익·영업이익을 필수적 공시사항으로 규정하고 있지 않지만, 실제로는 국제회계기준을 도입한 기업 대부분이 정보이용자들의 편의를 위해 영업이익 등을 재무제표에 표시하고 있다. 그렇다면 국제회계기준에서 영업항목과 영업외항목을 구분하는 기준은 무엇일까? 반복적이냐 아니냐 여부가 아니라, 경제적 실질에 따라 구분하도록 되어 있다.

예를 들어 유형자산처분손익은 영업목적으로 보유하고 있는 유형자산을 처분할 때 발생한 비용이다. 과거처럼 비경상적항목(비반복적)이라는 이유로 영업외항목으로 보는 것보다 경제적 실질에 따라 영업항목으로 분류하는 것이 더 합리적인 것이다. 일반적으로 금융수익(이자수익 등), 금융비용(이자비용 등), 지분법손익 등을 영업외손익으로 분류한다.

심화학습

포괄손익도 당기성과 중 하나다!

케이티앤지의 포괄손익계산서를 보면 당기순이익은 전기 8,400억 원에서 당기에 7,400억 원으로 줄어 들었음을 알 수 있다. 그러나 총포괄손익은 전기 8,400억 원에서 당기 8,600억 원으로 증가했다. 이는 매도가능금융자산평가이익이 전기에 비해 750억 원 증가했기 때문이다. 즉, 전기보다 당기에 당기순이익은 줄었지만 주식 등의 운용수익은 크게 증가했음을 알 수 있다. 정보이용자들은 이러한 점을 고려해 기업의 수익성을 분석하면 좀 더 목적적합한 의사결정을 내릴 수 있을 것이다. 참고로 2010년 손익계산서를 보면 2009년보다 당기순이익이 크게 늘었는데 이는 매도가능금융자산을 일부 매각하면서 처분이익(금융수익)을 인식했기 때문이다.

● 케이티앤지 포괄손익계산서 사례

포 괄 손 익 계 산 서
제 23(당) 기 2009년 01월 01일부터 2009년 12월 31일까지
제 22(전) 기 2008년 01월 01일부터 2008년 12월 31일까지

주식회사 케이티앤지 (단위 : 원)

과목	주석	제 23(당) 기	제 22(전) 기
매출	25	2,776,403,229,547	2,573,142,394,510
제조담배		2,472,054,347,601	2,514,164,147,864
부동산		258,032,766,082	21,737,977,006
수출잎담배등		46,316,115,864	37,240,269,640
매출원가	21, 25	-1,154,944,297,691	-965,317,964,181
제조담배		-960,186,612,794	-938,790,248,694
부동산		-165,810,713,281	-3,409,182,000
수출잎담배 등		-28,946,971,616	-23,118,533,487
매출총이익		1,621,458,931,856	1,607,824,430,329
기타수익	21	51,394,924,862	108,361,438,790
판매비	21	-460,791,715,566	-475,043,921,475
관리비	21	-150,431,726,655	-142,974,312,752
사내근로복지기금출연금		-10,000,000,000	-15,000,000,000
기타비용	21	-100,137,276,796	-36,748,016,109
영업이익		951,493,137,701	1,046,419,618,783
금융수익	22	41,607,183,739	78,392,877,547
금융원가	22	-7,752,141,680	-10,092,918,997
순금융수익(원가)	22	33,855,042,059	68,299,958,550
법인세비용차감전이익		985,348,179,760	1,114,719,577,333
법인세비용	23	-240,405,819,942	-265,233,421,010
당기순이익		744,942,359,818	849,486,156,323
기타포괄손익:			
매도가능금융자산평가이익	8, 22	101,055,497,046	25,637,184,731
보험수리적이익(손실)	20	16,924,848,081	-31,044,862,422
법인세비용차감후기타포괄이익(손실)		117,980,345,127	-5,407,677,691
총포괄이익		862,922,704,945	844,078,478,632

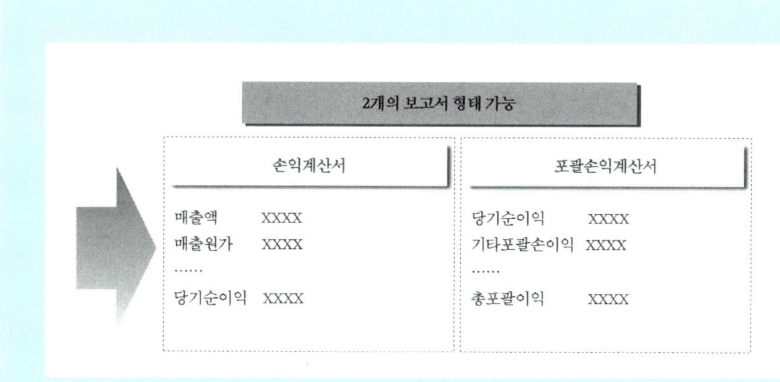

● 케이티앤지 영업수익 구분

(단위: 백만 원)

구분	2010년	2009년
영업이익	1,140,094	1,155,735
금융수익	270,338	12,853
금융원가	-4,469	-6,526
당기순이익	1,030,789	850,094

Chapter 19
현금흐름표 분류, 어떻게 해야 하나

　현금흐름표(statement of cash flow)는 일정기간 동안 특정기업의 현금이 어떻게 조달되고 사용되는지를 나타내는 재무제표로서 회계기간 동안 발생한 현금흐름을 영업활동·투자활동 및 재무활동으로 분류해 보고하는 재무제표이다.

　현금흐름표는 기업의 현금 및 현금성 자산의 창출능력과 기업의 현금흐름 사용 필요성에 대한 평가의 기초정보를 제공한다. 국제회계기준에서 현금흐름표의 특징은 다음과 같다.

이자수익 · 이자비용 · 배당금수익으로 인한 현금흐름

관행적으로 이자수익·이자비용·배당금수익은 현금흐름상 영업활동으로 분류되어 왔다. 그런데 이러한 현금흐름이 실제 영업활동으로 인한 현금흐름일

▶ 현금흐름표 예시

현 금 흐 름 표

제 23(당) 기 2009년 01월 01일부터 2009년 12월 31일까지
제 22(전) 기 2008년 01월 01일부터 2008년 12월 31일까지

주식회사 케이티앤지 (단위 : 원)

과목	주석	제 23(당) 기	제 22(전) 기
영업활동현금흐름			
영업에서 창출된 현금	29	1,034,123,935,824	907,710,917,106
법인세의 납부		-286,449,572,953	-305,254,004,009
영업활동순현금흐름		747,674,362,871	602,456,913,097
투자활동현금흐름			
이자의 수취		9,468,423,502	14,850,760,204
배당금의 수취		30,215,269,250	63,458,242,500
관계기업투자의 처분		1,105,000	-
종속기업투자의 처분		-	281,547,393
매도가능금융자산의 처분		1,647,507,285	248,697,450
대여금의 회수		23,967,459,010	7,642,947,410
유형자산의 처분		17,972,022,204	21,867,350,574
무형자산의 처분		63,941,800	-
관계기업투자의 취득		-500,000,000	-500,000,000
종속기업투자의 취득		-34,233,169,374	-2,497,842,159
매도가능금융자산의 취득		-11,221,582,129	-18,930,507,680
대여금의 증가		-15,461,338,729	-10,359,584,144
장기예치금의 증가		-18,054,900,834	-17,895,038,787
유형자산의 취득		-96,399,560,444	-136,726,887,455
무형자산의 취득		-4,769,246,713	-4,507,173,433
투자부동산의 취득		-323,428,649	-222,063,175
파생상품거래의 정산		-4,409,800,000	-6,319,700,000
기타투자활동현금흐름		283,395,842	-2,440,396,838
투자활동순현금흐름		-101,753,902,979	-92,049,648,140
재무활동현금흐름			
이자의 지급		-584,781,015	-646,813,200
자기주식의 취득	14	-103,998,911,970	-194,128,092,540
배당금의 지급	30	-360,356,640,000	-340,449,174,000
기타재무활동현금흐름		-348,080,800	-1,907,766,000
재무활동순현금흐름		-465,288,413,785	-537,131,845,740
현금및현금성자산의 순증가		180,632,046,107	-26,724,580,783
기초 현금및현금성자산		88,351,606,837	115,125,609,893
외화표시 현금및현금성자산의 환율변동효과		-29,751,510	-49,422,273

까? 이자수익 · 배당금수익은 주로 주식 등에 대한 투자로 인해 발생하고 이자비용은 차입금의 사용이라는 자금조달활동에서 발생한다. 즉, 원래는 투자나 재무

활동으로 인한 현금흐름으로 분류해야 하는 것이다. 따라서 국제회계기준은 이러한 현금흐름을 관행적으로 영업활동으로 분류할지 아니면 논리적으로 투자나 재무활동으로 분류할지에 대해 자율성을 부여했다.

영업에서 창출된 현금

회사마다 이자수익 등 활동별 현금흐름의 분류가 다를 수 있으므로 '영업활동 현금흐름'의 비교가능성이 떨어질 수 있다. 그리고 납부법인세도 국가마다 그리고 중소기업인지 여부에 따라 부담률이 다를 수 있다. 따라서 기업의 영업활동에서 창출한 현금흐름을 비교하기 위해 '영업활동 현금흐름'에서 이자수익·이자비용·배당금수익과 법인세납부액에서 발생한 현금흐름을 차감해 '영업활동에서 창출된 현금'으로 정의했다. 이는 영업외손익항목에서 발생한 현금흐름을 제외한 기업의 실질적인 세전 영업현금흐름으로 볼 수 있다.

외화로 표시된 현금 및 현금성 자산의 환율변동효과

회사가 보유하고 있는 외화로 표시된 '현금및현금성자산'의 환율변동효과는 '영업활동 현금흐름' '투자활동 현금흐름' 및 '재무활동 현금흐름'과 구분해 별도로 표시한다. 이는 현금흐름표 제일 하단의 '기말현금및현금성자산'과 '기초현금및현금성자산'의 사이에 표시한다.

기타 활동별 현금흐름의 분류

기존 기업회계기준은 단기매매목적으로 보유하고 있는 유가증권이나 대출채권의 취득 및 처분 등과 관련된 현금흐름은 투자활동으로 분류했다. 그러나 국제회계기준에서는 이처럼 단기매매목적으로 운영되는 유가증권 등의 현금흐름은 판매목적으로 취득한 재고자산과 유사하다고 보아 '영업활동 현금흐름'으로 분류한다.

▶ **활동별 현금흐름의 분류**

활동별 현금흐름	설명
영업활동 현금흐름	매출, 매입, 판촉활동 등 기업의 주요 수익창출활동에서 발생한 현금흐름
투자활동 현금흐름	유·무형 자산과 투자자산의 취득·처분 등으로 인해 발생한 현금흐름
재무활동 현금흐름	유상증자 및 차입금의 조달 및 상환으로 인한 현금흐름

이자수익·이자비용·배당금수익·법인세비용은 영업활동이 아닌 투자나 재무활동 현금흐름으로 분류할 수 있다.

잠깐! 알아두기

현금흐름표의 구조를 파악하자

```
            현금흐름표
       ┌─────────────────┐
       │ 영업활동 현금흐름 │  (a)
       ├─────────────────┤
       │ 투자활동 현금흐름 │  (b)
       ├─────────────────┤
       │ 투자활동 현금흐름 │  (c)
       └─────────────────┘
       - - - - - - - - - - - - -
       현금및현금성자산의 순증가    (d) = (a) + (b) + (c)
       기초 현금및현금성자산        (e)
       외화표시 현금및현금성자산의  (f)
       환율변동효과
       기말 현금및현금성자산        (g) = (d) ± (e)
```

'영업활동 현금흐름'은 ① 매출·매입 등 항목별로 현금흐름을 보여주는 직접법과 ② '영업활동 현금흐름'이 얼마인지만 보여주는 간접법의 형태로 작성할 수 있다. 간접법으로 작성하는 경우에도 이자수익·이자비용·배당금수익 및 법인세납부액은 직접법형태로 표시한다.

직접법		간접법	
XX	20X1.1.1~20X1.12.31	XX	20X1.1.1~20X1.12.31
1. 영업활동 순현금흐름	XXX	1. 영업활동 순현금흐름	XXX
(1)고객으로부터 유입된 현금	XXX	(1)법인세 차감전순이익	XXX
(2)공급자와 종업원에 대한 현금유출	(XXX)	(2)조정항목의 가감	
영업으로부터 창출된 현금	XXX	①현금의유출이없는비용수익의 가감	(XXX)
(3)이자의 수령	XXX	②영업활동으로인한자산과부채의변동	XXX
(4)이자의 지급	(XXX)	영업에서 창출된 현금	XXX
(5)법인세의 납부	XXX	(3)이자의 수령	XXX
⋮	⋮	(4)이자의 지급	XXX
		(5)배당급의 수령	XXX
		(6)법인세의 납부	XXX
		⋮	⋮

*이 부분은 직접법형태를 취함

Chapter 20
자본변동표, 어떻게 구성되나

　자본변동표(statement of changes in equity)란 일정시점 현재 기업의 자본 크기와 일정기간 동안 기업실체의 자본변동에 관한 정보를 제공하는 재무제표이다. 자본변동표는 '총포괄손익'과 '소유주와거래내역'을 지배기업 소유주지분과 비지배지분으로 구분해 표시한다. 그리고 회계변경과 오류수정에 의해 재무제표가 재작성된 경우 그러한 사항이 미치는 영향을 자본변동표에 표시하도록 했다.

　국제회계기준에서는 자본을 '납입자본' '이익잉여금' 그리고 '기타자본구성요소'로 구분해 표시한다.

납입자본

납입자본이란 '자본금' '주식발행초과금'과 같이 주주들이 출연한 자본을 의미한다. 여기서 '자본금'이란 회사의 발행주식의 액면가액을 의미하고, '주식발행초과금'이란 주식의 액면가액을 초과해 주주들이 납입한 금액을 의미한다. 예를 들어 S전자에서 유상증자 시 1주 당 발행가액이 800,000원이고 주식의 액면가액이 5,000원인 경우 1주 발행에 따른 '자본금'은 5,000원이 되고 '주식발행초과금'은 795,000원이 될 것이다.

이익잉여금

이익잉여금이란 당기순이익이 배당금이나 기타자본구성요소 등으로 처분되지 않고 남아 있는 금액을 의미한다. 일반적으로 '이익준비금' 등 적립금은 이익잉여금에 포함되었다. 그러나 국제회계기준에서는 계정과목에 대한 자율성을 많이 부여하므로, 케이티앤지 같은 일부 회사에서는 '이익준비금' 등 적립금을 별도의 항목으로 분류하고 '이익잉여금'은 배당금 등으로 처분가능한 '미처분이익잉여금'을 의미하기도 한다. 따라서 기업마다 이익잉여금의 범위를 확인해 볼 필요가 있다.

기타자본구성요소

기타자본구성요소란 주주와의 거래에서 발생한 것으로 납입자본으로 분류할 수 없는 '자본유지조정(자본조정)' '기타포괄손익' 등을 의미한다.

▶ 자본변동표 예시

제 23(당) 기 2009년 01월 01일부터 2009년 12월 31일까지
제 22(전) 기 2008년 01월 01일부터 2008년 12월 31일까지

주식회사 케이티앤지 (단위: 원)

과목	자본금	기타 자본잉여금	자기주식	자기주식처분이익	적립금	이익잉여금	총계
기초)	954,959,485	336,906	-226,944,683	468,274,356	1,821,347,334	436,452,353	3,454,425,750
총포괄손익:							
당기순이익	-	-	-	-	-	744,942,360	744,942,360
기타포괄손익:							
익	-	-	-	-	101,055,497	-	101,055,497
-보험수리적손익	-	-	-	-	-	16,924,848	16,924,848
기타포괄손익 소계	-	-	-	-	101,055,497	16,924,848	117,980,345
총포괄손익	-	-	-	-	101,055,497	761,867,208	862,922,705
자본에 직접 반영된 소유주와의 거래 등:							
연차배당	-	-	-	-	-	-360,356,640	-360,356,640
자기주식의 취득	-	-	-103,998,912	-	-	-	-103,998,912
자기주식의 이익소각	-	-	103,998,912	-	-	-103,998,912	-
별도적립금의 적립	-	-	-	-	169,000,000	-169,000,000	-
연구및인력개발준비금의 이입	-	-	-	-	-15,000,000	15,000,000	-
종업원주식선택권의 소멸	-	2,294,859	-	-	-	-2,294,859	-
자본에 직접 반영된 소유주와의 거래	-	2,294,859	-	-	151,705,141	-618,355,552	-464,355,552
기말)	954,959,485	2,631,765	-226,944,683	468,274,356	2,074,107,972	579,964,009	3,852,992,903

▶ 재무상태표상 자본의 변화

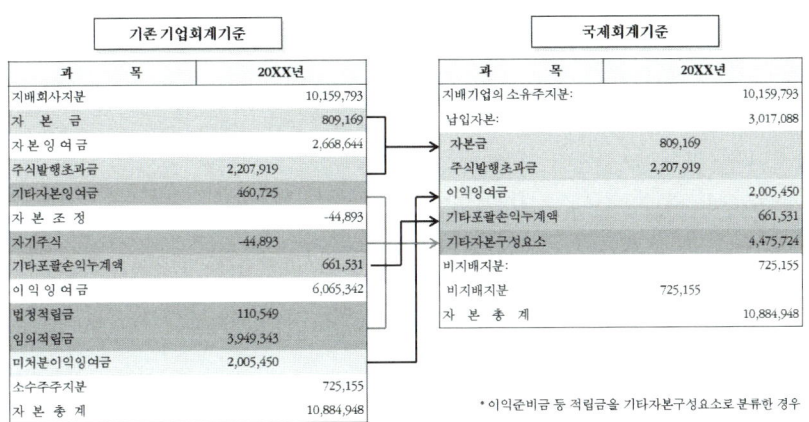

* 이익준비금 등 적립금을 기타자본구성요소로 분류한 경우

제3장 IFRS재무제표, 어떻게 생겼을까

Chapter 06

국제회계기준 최초 도입 시 알아둘 점들

최초 적용 시 재무제표

앞서 설명한 대로 상장기업들은 2011년 회계기간의 재무제표부터 의무적으로 국제회계기준을 공시해야 한다. 2011년에 최초로 도입하는 기업의 재무제표는 모든 정보가 국제회계기준에 따라 작성되어야 한다. 즉, 비교표시가 되는 2010년 재무제표도 국제회계기준에 따라 공시되어야 하는 것이다.

포괄손익계산서·현금흐름표·자본변동표는 1월 1일부터 12월 31일까지의 정보를 나타내므로 2010년 사업연도가 시작되는 2010년 1월 1일 재무상태표도 국제회계기준에 따라 작성되어야 기중 거래내역을 국제회계기준에 따라 기록할 수 있다. 2010년 1월 1일부터 모든 회계장부가 국제회계기준에 따른 재무정보로 전환되어야 한다는 의미에서 이 날을 '전환일'이라고 부른다. 최초 도입시 재무상태표에는 이러한 전환일의 재무상태표도 공시하도록 되어 있다. 즉, 2010

년 1월 1일, 12월 31일과 2011년 12월 31일의 재무상태표가 공시될 것이다.

소급작성 면제조항

국제회계기준을 도입하며 과거의 회계처리 내용을 모두 바꾸어서 작성하는 것은 실무적으로 매우 어려울 수 있다. 예를 들어 과거기준에 따라 금융자산을 분류한 내용을 모두 소급해 작성하기란 거의 불가능할 것이다. 이러한 실무적인 어려움을 감안해 일부 항목에 대해서는 소급작성을 면제시켜 주었다. 자세한 내용은 뒤에서 설명하기로 한다.

▶ **2011년 최초 도입 시 재무보고 대상기간**

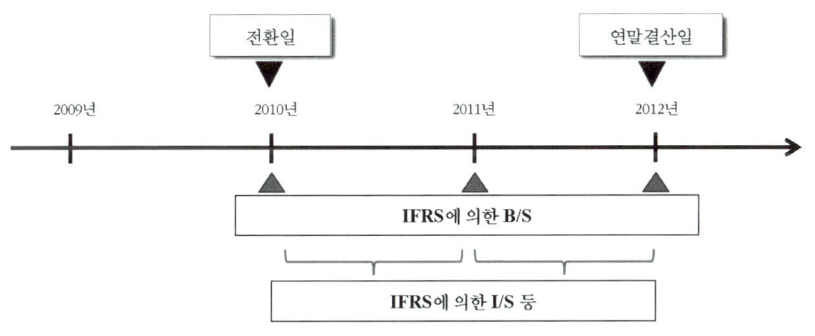

▶ 2011년 최초 공시 재무제표

구분	대상기간	작성기준	비고
재무상태표	2010년 1월 1일	국제회계기준	전환일 재무상태표
	2010년 12월 31일	국제회계기준	
	2011년 12월 31일	국제회계기준	
포괄손익계산서 현금흐름표 자본변동표	2010년 1월 1일~12월 31일 2011년 1월 1일~12월 31일	국제회계기준	
주석	2010년 및 2011년 주석	국제회계기준	국제회계기준으로 전환에 따른 주요조정내역 포함

2011년에 처음 국제회계기준이 적용되더라도 비교표시되는 2010년부터 재무제표 숫자를 모두 국제회계기준으로 작성해야 한다. 결국 2010년 재무제표는 기존 기업회계기준과 국제회계기준에 따른 재무제표 양쪽 다 구할 수 있게 된 셈이다.

사전공시제도 : 도입 전 2년간 도입효과를 공시

기업의 국제회계기준 도입은 재무보고 프로세스의 변화를 가져올 정도로 재무상태 및 경영성과에 커다란 영향을 미치는 '사건'이다. 따라서 많은 국가들은 정보이용자들이 이러한 회계환경의 변화에 적응할 수 있도록 국제회계기준을 도입하기 전에 도입준비상황, 재무제표에 미치는 영향을 공시하도록 하고 있다.

금융감독원 역시 2007년 7월 28일 '재무보고에관한실무의견서2008-1'에서 국제회계기준 도입 2년 전부터 다음과 같은 사항을 공시하도록 해 정보이용자들의 혼란을 최소화하고 있다.

1) 도입 2년 전 사전공시 사항

① 국제회계기준 도입 준비계획 및 추진상황
② 과거 기업회계기준과 국제회계기준의 차이로 인해 중요한 영향을 줄 것으로 예상되는 사항

2) 도입1년전 사전공시 사항

① 국제회계기준 도입 준비계획 및 추진상황
② 과거 기업회계기준과 기업이 선택한 국제회계기준 하의 회계정책과의 주요 차이
③ 연결대상기업의 변화
④ 기업의 재무상태 및 경영성과에 미치는 영향

심화학습

삼성전자의 2009년 감사보고서 주석 상 사전공시 내용

한국채택국제회계기준의 조기도입, 계속:

라. 회사의 재무상태 및 경영성과에 미치는 영향

회사의 재무상태와 경영성과에 미치는 영향은 개별재무제표를 기준으로 작성된 것이며, 향후 추가적인 영향분석, 기준서 개정 등을 통해 변동될 수 있습니다.

(1) 2009년 12월 31일 현재 재무상태 및 경영성과 조정내역   (단위: 백만 원)

구분	자산	부채	자본	당기순이익
현행 대한민국에서 일반적으로 인정된 회계처리기준	86,024,154	19,199,443	66,824,711	9,649,487
조정사항:				
토지재평가	3,804,404	924,525	2,879,879	-9,273
금융자산 양도	3,579,760	3,579,760	-	-
개발비 자산화	214,451	-	214,451	13,973
확정급여채무에 대한 보험수리적 평가 및 종업원 누적유급휴가	-	175,702	-175,702	27,269
투자지분에 대한 이연법인세 및 비유동 분류 · 상계(*)	-854,084	-1,033,936	179,852	348,908
지분법 취소 및 배당금 수익	-3,159,331	-	-3,159,331	-3,812,843
조정사항에 따른 법인세효과	-	9,394	-9,394	-9,381
조정액 합계	3,585,200	3,655,445	-70,245	-3,441,347
한국채택국제회계기준	89,609,354	22,854,888	66,754,466	6,208,140

PART 4

국제회계기준, 무엇이 바뀌었을까

International

Financial

Reporting

Standards

Chapter 22
유형자산 평가방법, 이렇게 바뀐다

재평가모형을 선택할 수 있다

전통적으로 회계학에서는 신뢰성을 중시해 재무상태표에 자산의 가액을 취득가액으로 기재해 왔다. 그러나 경제가 빠른 속도로 발전함에 따라 재무상태표 상 자산가액과 실제 가치가 많은 차이를 보이게 되었다. 국제회계기준은 정보이용자들의 합리적인 의사결정에 도움을 주기 위해 유형자산을 공정가치로 재평가할 수 있게 했다.

기업은 취득원가로 표시하는 원가모형과 보고기간 말에 공정가치로 재평가를 할 수 있는 재평가모형 중 회계원칙을 선택할 수 있게 되었다. 이때 모든 유형자산에 대해서 하나의 평가방법을 선택하는 것이 아니라 토지·건물·기계장치 등 회사가 나눈 유형자산의 분류별로 선택이 가능하다. 즉, 토지에 대해서는 재평가모형을 선택하고 건물에 대해서는 원가모형을 선택할 수 있는 것이다.

재평가모형을 선택하는 경우 장부가액과 공정가치가 차이가 나지 않도록 주기적으로 평가를 수행해야 하는데 반드시 매년 수행할 필요는 없다.

유형자산의 경우에는 시세차익을 얻기 위해 보유하고 있는 것이 아니므로 평가로 발생한 손익을 원칙적으로 당기손이익에 반영하는 것은 적합하지 않을 것이다. 따라서 재평가 시 발생된 평가이익은 '재평가잉여금'으로서 기타포괄손익항목(자본)으로 처리하게 된다. 그런데 평가손실의 경우 손망실처리 시와 구별하기가 어렵기 때문에 손상차손과 일관성을 유지하기 위해 당시 비용으로 처리한다.

그리고 기업이 원가모형을 선택하든 재평가모형을 선택하든 국제회계기준을 최초로 도입 시 과거에 유형자산의 취득원가를 확인하기 어려우므로 ① 과거의 취득원가, ② 전환일의 공정가액 혹은 ③ 과거 재평가 시 재평가금액 중 하나를 취득원가로 선택할 수 있다. 즉, 전환 시 공정가액을 취득원가로 재무상태표에 사용하고 이후 원가모형을 적용할 수도 있는 것이다.

▶ 유형자산의 평가

- 유형자산에 대해 원가모형 혹은 재평가모형을 선택해 분류별로 동일하게 평가

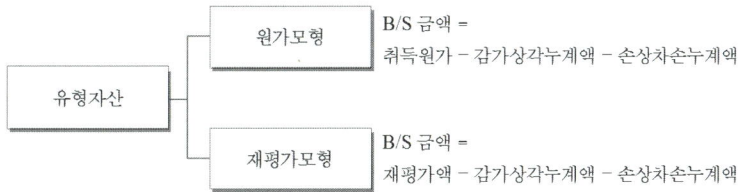

- 분류의 예 : 토지, 건물, 기계장치, 차량운반구 등
- 재평가 이익 → 재평가잉여금, 재평가손실 → 비용

▶ IFRS 최초 적용 시 가액

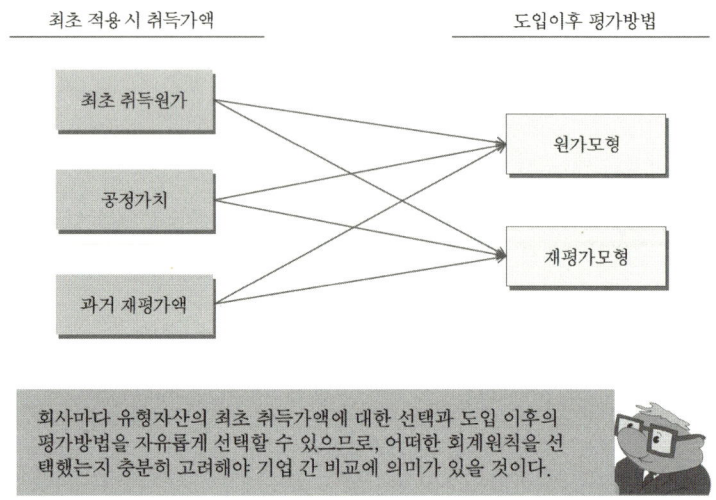

회사마다 유형자산의 최초 취득가액에 대한 선택과 도입 이후의 평가방법을 자유롭게 선택할 수 있으므로, 어떠한 회계원칙을 선택했는지 충분히 고려해야 기업 간 비교에 의미가 있을 것이다.

유형자산은 정액법으로 감가상각한다

감가상각이란 자산의 장부가액을 자산의 사용기간에 걸쳐 체계적으로 비용으로 인식하는 것이다. 감가상각방법은 비용을 안분하는 방법에 따라 매년 동일한 금액을 비용으로 인식하는 '정액법'과 장부금액의 일정비율을 비용으로 인식하는 '정률법' 등이 있다. 실무상 세법 등을 고려해 일반적으로 건물에는 정액법을, 기타 유형자산에 대해서는 정률법을 사용하고 있다.

국제회계기준은 자산의 미래경제적 소비형태를 가장 잘 반영하는 방법으로 감가상각을 하도록 한다. 일반적으로 사용기간 동안 균등하게 상각하는 정액법을 가장 합리적인 방법으로 볼 수 있을 것이다. 따라서 세법 등의 규정에 따라 정률법을 선택하였던 기업들은 **특별한 반증이 없는 한 '정액법'으로 상각방법을 바꾸어야 한다.**

감가상각기간(내용연수)도 현실적으로 세법의 규정에 따라 결정하던 것이 관행이었다. 그러나 국제회계기준에서는 경제적 실질에 따라 실제 사용기간을 내용연수로 하도록 했다. 공장 등 생산설비가 많은 기업의 경우, 자산의 내용연수가 증가하는 경우가 많아져 과거보다 감가상각비가 줄어드는 경향을 보이고 있다.

국제회계기준은 경제적 실질에 맞게 감가상각방법, 내용연수, 잔존가액에 대해서 지속적으로 재검토해 변경하도록 하고 있다. 이때 과거 회계처리에 대해서는 해당기간에 적정하게 회계처리가 이루어졌을 것이므로 과거에 잘못된 회계처리를 한 것이 아니라고 본다. 따라서 이러한 **회계변경**(회계추정의변경)은 소급해서 과거 재무제표를 재작성하는 것이 아니라 **전진적으로 앞으로의 회계처리에 반영하면 된다.**

▶ **감가상각의 기본요소**

구분	내용
감가상각방법	경제적 효익을 반영하는 방법 선택 → 실무상 정액법 적용
내용연수	세법 등이 아닌 경제적 실질에 따라 실제 사용가능한 내용 연수 적용
상각방법/내용연수/ 잔존가액의 변경	적정성에 대하여 변경여부 검토 → 과거 내용은 수정하지 않고 전진적으로 회계처리

심화학습

구성요소별 감가상각(Component accounting)의 필요성

건물이나 비행기를 생각해 보자. 이들은 단순히 하나의 자산으로 구성되어 있지 않고 여러 가지 구성요소들의 집합체임을 알 수 있다. 비행기의 경우 본체와 엔진 등이 합쳐져 하나의 자산으로서 역할할 것이고, 건물은 골조 등과 엘레베이터 같은 내장품으로 구성되어 있을 것이다.

일반적으로 이러한 구성요소들의 성격이나 내용연수 등이 비슷하다면 하나의 자산으로 보아도 큰 문제가 없다. 그러나 만약 이러한 구성요소가 성격 등이 상이하고 중요하다면 하나의 자산으로 보는 것보다 구성요소별로 감가상각 등을 하는 것이 보다 더 합리적일 것이다. 따라서 국제회계기준에서는 구성요소가 중요하다면 별도로 구별해 감가상각 등을 하도록 했다.

예를 들어 비행기 본체의 경우 예상사용기간에 따라 상각할 수 있으나, 사용시간이 정해진 엔진의 경우 별도 구성요소로 보아 가동시간에 따라 감가상각하는 것이 보다 더 경제적 실질을 잘 반영하는 방법일 것이다.

차입원가(금융비용자본화)는 선택이 아니다

국제회계기준에 따르면, 취득에 상당한 시간이 소요되는 유형자산 등 적격자산에 대해서는 취득개시일부터 완료일까지 발생한 **이자비용을 해당되는 자산의 취득부대비용으로 보아 자산의 취득원가로 처리한다.** 기존 기업회계기준도 이렇게 금융비용을 자본화하는 규정이 있었으나 회사의 선택에 따라 손익계산서상 이자비용으로 처리할 수 있었다. 다만 실무상 회계처리의 어려움으로 손익계산서상 이자비용으로 처리하는 것이 일반적이었다.

이러한 이자비용은 해당자산의 취득을 위해 직접적으로 차입한 차입금에 대한 것뿐만 아니라 일반적인 목적으로 차입한 차입금에서 발생한 이자를 모두 포함한다. 왜냐하면 만약 해당자산의 취득이 없었다면 그러한 차입금을 상환할 수 있었고 이자비용 또한 발생하지 않았을 것이기 때문이다.

이렇게 이자비용에 대한 자본화를 의무화하면서 같은 자산을 취득하더라도 차입금으로 취득하는 경우와 자기자본으로 취득하는 경우, 해당되는 자산의 장부가액이 달라질 것이다. 그리고 차입금 의존도가 높은 기업의 경우, 단기적으로 국제회계기준이 도입됨에 따라 당기순이익이 개선되는 효과가 있을 것이다.

Check Point

이자비용은 모두 손익계산서에 표시되지 않을 수 있다. 그러므로 총 이자비용이 얼마인지 확인하려면 자산으로 처리된 부분을 확인할 필요가 있겠다.

▶ STX 2010년 유형자산 주석 예시

(4) 당기와 전기 중에 자본화된 차입원가 금액은 다음과 같습니다.

(단위: 원)

계정과목	2010년	2009년
선박	9,400	3,174
건설중인 자산	40,005	36,769
합계	49,405	39,943

당기와 전기 중에 자본화가능차입원가를 산정하기 위하여 사용된 자본화이자율은 각각 5.40%와 5.43%입니다.

2010년과 2009년 포괄손익계산서상 이자비용은 617억 원과 311억 원이다. 하지만 실제로 발생한 이자비용은 유형자산의 취득원가에 포함된 494억 원과 399억 원을 합한 금액일 것이다.

심화학습

차입원가 이해하기

1) 적용대상 자산 : 적격자산
의도된 용도로 사용가능하거나 판매가능한 상태에 이르기에 상당한 시간(통상 1년)이 소요되는 유형자산, 재고자산, 무형자산 및 투자부동산 등을 적격자산이라 한다.

2) 이자비용 : (해당자산취득을 위한 차입금 + 기타 차입금)
해당자산에 대한 지출 등이 이루어지는 시기부터 취득이 완료될 때까지의 이자비용. 이때 이자비용은 해당자산의 취득을 위해 직접 차입한 차입금에 대한 이자비용 외에도 해당자산의 취득이 없었다면 회피 가능했을 차입금에 대한 이자비용도 대상이다.

3) 자본화 대상 차입원가의 도출 :

　차입원가 = Min(자산취득을 위한 지출액 , 차입금) x 이자율

취득을 위한 지출액을 한도로 취득기간 동안의 차입금에 대한 이자비용

Chapter 23

투자부동산에 대해 알아보자

투자부동산이란?

투자부동산은 임대를 하고 있거나 시세차익을 목적으로 보유하고 있는 부동산을 말한다. 임대업 등이 기업의 주된 사업목적으로서 해당수익이 매출로 계상되는지 여부와 상관없이 임대 등을 하고 있는 부동산은 모두 투자부동산으로 분류된다. 이때 한 건물 안에서 일부는 자신이 사용하고 일부는 임대해주고 있다면, 임대부분을 분리해 투자부동산으로 분류하게 된다. 이러한 투자부동산은 그 자체에서 독립적으로 현금을 창출할 수 있는 특징을 지닌다.

일반적으로 부동산을 보유한 기업은 건물의 일부를 임대하고 있는 경우가 많으므로, 국제회계기준에 따른 재무상태표에는 투자부동산의 계정이 빈번하게 나타난다. 물론 이러한 임대부분이 매우 작거나 구분이 합리적으로 불가능하면 주된 부분이 무엇인지에 따라 판단해 회계처리할 수 있다.

　기존 기업회계기준에서는 임대해준 부동산은 기업의 주된 활동 중 하나라고 판단해 대개 유형자산으로 분류했다.

▶ **부동산의 구분**

구분		내용
투자부동산		임대수익이나 시세차익 또는 두 가지 모두를 얻기 위해 보유하는 부동산
자가사용 부동산	유형자산	재화의 생산이나 용역의 제공 또는 관리 목적에 사용하는 목적으로 보유하는 부동산
	재고자산	정상적인 영업과정에서의 판매목적으로 보유하는 부동산

심화학습

투자부동산의 예시

1) 장기 시세차익을 얻기 위해 보유하고 있는 토지
2) 장래 사용목적을 결정하지 못한 채로 보유하고 있는 토지 (토지를 자가사용 할지 또는 일반사업상 단기간에 판매할지를 결정하지 못한 경우, 당해 토지는 시세차익을 얻기 위해 보유하고 있는 것으로 봄)
3) 직접 소유하거나 금융리스를 통해 보유하면서 제 3자에게 운용리스로 제공하고 있는 건물
4) 운용리스로 제공하기 위해 보유하고 있는 미사용 건물
5) 미래에 투자부동산으로 사용하기 위해 건설 또는 개발 중인 부동산

투자부동산은 공정가치모형을 선택할 수 있다

투자부동산의 보유목적은 임대수익이나 시세차익을 얻는 것이므로 자산의 공정가치야말로 정보이용자가 가장 필요로 하는 정보일 것이다. 따라서 국제회계기준에서는 투자부동산에 대해 취득원가로 표시하는 원가모형과 보고기간 말에 공정가치로 평가할 수 있는 공정가치모형 중 회계원칙을 선택하도록 했다.

이때 유형자산의 분류별로 평가모형을 선택하는 것과는 달리, 투자부동산은 전체에 대해 하나의 평가방법을 적용해야 한다. 즉, 투자부동산 중 토지에 대해서는 재평가모형을 선택하고 건물에 대해서는 원가모형을 선택할 수 없다.

유형자산의 경우 본연의 사업에 사용하는 것이 목적이지 시세차익을 얻는 것이 목적이 아니므로, 공정가치에 대한 정보는 정보이용자에게 가장 관심 있는 정보가 아니다. 따라서 매년 재평가를 수행할 필요가 없으며 평가이익도 당기이익이 아닌 자본항목으로 처리한다.

그러나 투자부동산의 경우에는 시세차익을 얻는 것이 주된 목적이다. 따라서 재무상태표에는 항상 공정가치로 평가해서 계상해야 하고, 평가로 발생한 손익은 당기손이익에 반영하는 것이 보다 합리적이다. 따라서 공정가치평가로 발생된 평가이익과 손실 모두 당기손익으로 처리하게 된다.

그리고 원가모형의 경우에는 내용연수 동안 감가상각을 수행하나 공정가치모형을 선택하는 경우 감가상각을 수행하지 않는다. 감가상각을 수행하면 재무상태표에 공정가치로 계상되지 못하므로 공정가치로 평가한 의미가 없어지기 때문이다.

참고로 유형자산과 마찬가지로 국제회계기준을 최초로 도입할 시에는 ① 과거의 취득원가, ② 전환일의 공정가액, ③ 과거 재평가시 재평가 금액 중 하나를 취득원가로 선택할 수 있다.

▶ **투자부동산의 평가**

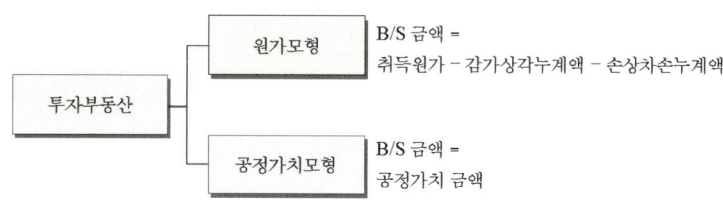

- 평가 이익 / 손실 → 손익으로 인식

▶ **투자부동산 공정가치모형 vs. 유형자산 재평가모형**

항목	투자부동산(공정가치모형)	유형자산(재평가모형)
평가손익	모든 평가손익을 당기손익으로 인식	평가이익은 자본항목, 손실은 손익항목으로 인식
평가기간	매보고기간 말 공정가치로 계상	주기적 평가수행(매년 수행할 필요는 없음)
감가상각	공정가치모형 시 감가상각 미수행	재평가모형 시에도 감가상각 수행
평가모형의 선택	모든 투자부동산에 대해 선택	분류별로 선택가능

잠깐! 알아두기

2009년 조기적용기업의 평가모형 적용실태

2009년 국제회계기준을 조기적용한 기업 중 투자부동산이 있는 경우 평가모형을 선택한 내용을 살펴보면 모두 원가모형을 적용했다. 이는 실제 공정가치모형을 적용하기 위해 구입해야 할 평가프로세스와 평가에 소요되는 비용 등을 고려해서 판단한 것으로 분석된다.

그러나 투자부동산은 원가모형을 선택했다고 할지라도 공정가치가 중요하므로 주석에 공정가치내용을 기재하도록 하고 있다.

Chapter 24
무형자산 평가방법, 이렇게 바뀐다

사업결합에서도 무형자산이 발생한다

무형자산은 개별적으로 취득하기도 하지만, 다른 회사를 인수 혹은 합병해서 취득하게 되는 경우도 있다. 지급한 대가와 인수한 자산과의 비교를 통해서 더 지급한 금액인 '영업권'은 M&A라는 인수합병을 통해서 취득되는 대표적인 무형자산이다(이와 관련해서는 뒤에서 더 자세히 살펴보기로 하자).

인수자산을 초과해 지급한 대가인 영업권은 경영권에 대한 프리미엄으로만 구성되어 있는 것일까? 실제로는 그렇지 않을 가능성이 매우 높다. 예를 들어 현대자동차가 독일의 폭스바겐이라는 자동차회사를 인수했다고 가정해 보자. 그리고 인수 전 폭스바겐이 신차를 개발하기 위해 진행했던 많은 연구개발 프로젝트가 '경상연구개발비'라는 비용으로 처리되었다고 치자. 그런데 현대자동차가 그 신차와 관련한 연구개발기술이 필요해서 실제 자산가액보다 더 지급하고 인수했다면 그 초과지급액을 경영권 프리미엄으로 보아 '영업권'으로 보는 것보다 '연구개발비'라는 별도의 무형자산으로 보는 것이 더 합리적일 것이다. 비록 초과지급액 중 일부가 인수 전 회사의 자산으로 기록되지는 않았더라도, 인수자 입장에서는 자산으로 볼 수 있기 때문이다.

▶ 사업결합에서 무형자산의 발생

이처럼 사업결합 시 인수대상기업에서는 자산으로 기록되지 않았으나 자산으로서 별도로 식별가능한 부분은 무형자산으로 인식하도록 하고 있다. 이렇게 자산을 영업권에서 분리해 경제적 실질에 맞게 별도로 계상하는 편이 정보이용자에게 보다 더 정확한 기업자산에 대한 정보를 제공하기 좋다.

비한정 내용연수를 지닌 무형자산

무형자산은 유형자산과 마찬가지로 기업의 사업에 본질적으로 사용되는 사업용 자산이다. 때문에 기본적인 회계처리 기준은 유형자산과 매우 흡사하다. 유형자산처럼 재평가모형을 선택할 수 있으며 회계처리도 동일하다. 또한 취득 이후 예상사용기간에 걸쳐 상각을 통해 취득원가를 비용으로 인식하는 것도 같다.

문제는 영업권이나 브랜드 등의 유형자산은 사용기간을 특정해서 정하기가 매우 어렵다는 데 있다. 예를 들어 '삼성전자'와 같은 브랜드의 경우 사용기간이 100년이 될지 아니면 3년이 될지 결정하는 것은 합리적이지 않을 것이다.

따라서 무형자산 중 영업권, 골프회원권 같이 내용연수를 정할 수 없는 무형자산에 대해서는 상각하지 않도록 하고 있다. 이를 '비한정내용연수를 지닌

▶ **무형자산의 평가**

- 무형자산에 대해 원가모형 혹은 재평가모형을 선택해 분류별로 동일하게 평가

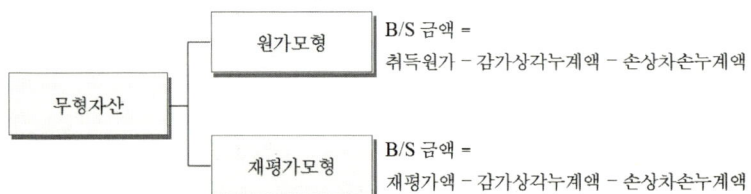

- 분류의 예 : 브랜드명, 라이선스와 프랜차이즈 등
- 재평가 이익 → 재평가잉여금, 재평가손실 → 비용
- 재평가는 중요한 차이가 나지 않게 주기적으로 평가 (매년 수행할 필요 없음)

무형자산'이라고 부른다. 기존 기업회계기준에서는 무형자산의 경우 20년 이내 합리적인 기간 동안 상각하도록 규정해, 모든 무형자산에 대해서 상각하게끔 하고 있었다.

그렇다면 비한정 내용연수를 지닌 무형자산으로 분류되는 경우, 상각하지 않으므로 영구히 자산으로 기록될 수 있지 않을까? 절대 그렇지 않다. 상각은 하지 않지만 무형자산금액이 적정한지 지속적으로 손상평가를 해야 한다. 즉, 자산으로 가치가 감소한다면 손상평가를 통해서 그 가치감소분을 비용화 시키도록 하고 있는 것이다.

특히 국제회계기준은 손상에 대해 매우 엄격하게 적용하므로 자산으로 충분한 가치를 가지고 있지 못하면 몇 년에 걸쳐 비용처리되는 것이 아니라 한 번에 비용처리될 가능성이 높다.

▶ **내용연수에 따른 무형자산의 종류**

구분	무형자산의 예	기타
유한 내용연수	개발비, 산업재산권, 특허권, 소프트웨어 저작권, 프랜차이즈 등	내용연수 동안 상각수행
비한정 내용연수	영업권, 브랜드, 상표권 및 상호, 골프 회원권, 콘도 회원권 등	상각은 수행하지 않고 손상검사만 수행함

심화학습

영업권의 영향 : 하이마트 사례 분석

유진기업에 인수된 이후 하이마트는 2008년과 2009년 각각 621억 원, 372억 원의 순손실을 기록했다. 영업이익도 600~700억 원가량 났지만 1,000억 원이 넘는 이자비용이 적자전환의 주범이었다.

하이마트는 2010년부터 국제회계기준(IFRS)을 조기 도입했고, 국제회계기준으로 비교표시된 2009년 재무제표에 대한 분석결과 641억 원의 당기순이익을 기록했다. 기존 기업회계기준에 따라 공시된 2009년 당기손익은 372억 원의 적자였다. 이는 이자비용부담은 그대로였지만 IFRS를 도입하면 '영업권 상각'을 하지 않아도 된 것에 기인한다. 하이마트는 영업권 상각영향으로 과거 5%대이던 영업이익률이 2008년 2.5%, 2009년 2.7% 수준으로 떨어졌다가 2010년 7%로 회복하였다.

2010년 하이마트의 총자산 2.6조 원 중 영업권은 1.6조 원을 차지하는 매우 중요한 자산이고 이에 대한 회계처리기준에 따라 손익의 변화가 컸다. 따라서 정보이용자는 영업권의 영향을 충분히 고려해서 기업분석을 해야 할 것이다.

회사 : 하이마트 (단위: 원)

과목	2009년 12월 31일 기존 K Gaap	IFRS
I. 매출액	2,672,991,457,642	2,663,947,866,364
II. 매출원가	2,026,638,649,932	2,005,984,310,535
III. 매출총이익	646,352,807,710	657,963,555,829
IV. 판매비와 관리비 *1	572,976,784,972	474,895,311,851
V. 영업이익	73,376,022,738	183,068,243,978
VI. 영업외수익 *2	29,356,109,530	44,269,312,453
VII. 영업외비용 *3	119,391,069,755	136,688,550,67
VIII. 법인세비용차감전순손실	16,658,937,487	90,649,005,753
IX. 법인세비용	20,516,918,958	26,499,884,291
X. 당기순이익	-37,175,856,445	64,149,121,462

*1. 비교분석을 위하여 판관비에는 물류원가, 기타수익, 기타비용이 포함함
*2. 영업외수익은 금융수익과 영업외기타수익으로 구성
*3. 영업외비용은 금융원가와 영업외기타비용으로 구성

기존 K Gaap상 판관비로 처리되던 무형자산상각비 약 900억 원이 IFRS 상 비용으로 인식되지 않은 것으로 분석됨

Chapter 25
자산손상은 어떻게 판단하는가

자산손상이란?

기업은 보유하고 있는 자산을 사업에 활용하거나 아니면 매각해 경제적 이익을 얻는다. 만약 기업이 보유하고 있는 자산의 활용 혹은 매각을 통해 회수 가능한 금액이 재무상태표상 장부금액보다 작다면 논리적으로 장부금액을 감소시키고 비용을 인식하는 편이 타당할 것이다. 자산손상은 이렇게 회수가능가액이 장부금액보다 작은 것을 의미한다.

이때 자산가액의 회수는 위에서 설명한 것과 같이 ① 사업에 활용해서 회수(이를 '사용가치'라고 한다)할 수 있거나 ② 매각을 통해서 회수(이를 '순공정가치'라고 한다)할 수 있다. 따라서 회수가능가액은 사용가치와 순공정가치 중 큰 금액을 의미하게 된다.

회수가능가액을 구체적으로 살펴보자. 사용가치는 해당되는 자산의 사용으로 인한 미래현금흐름을 추정해 적절한 할인율로 현재가치조정을 한 금액을 의미하고, 순공정가치란 공정가치에서 처분비용을 차감한 금액을 의미한다.

앞서 설명한 것과 같이 자산의 손상검사는 미래현금흐름을 추정하는 등 복잡한 과정을 거치게 되므로 매년 손상평가를 하는 것은 적절치 않을 수 있다. 따라서 국제회계기준은 손상의 징후가 있는 경우에만 손상검사를 하도록 하고 있다. 다만 영업권 등의 경우는 손상가능성이 높으므로 매년 해야 한다.

손상검사를 통해서 자산손상이 발생하게 되면 비용으로 인식한다. 다만 과거에 재평가이익이 발생해 인식한 재평가잉여금이 있다면 이를 먼저 차감하고 나머지 부분을 비용으로 인식한다. 그리고 이후 회수가능가액이 회복된다면, 손상이 없었다면 계상될 장부금액을 한도로 손상차손환입(당기이익)을 인식한다.

▶ 손상검사의 방법

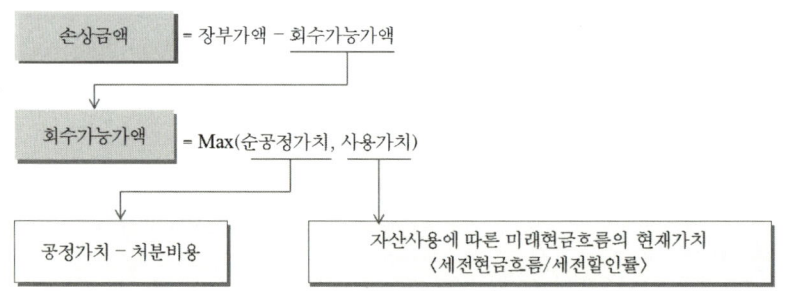

▶ **손상검사를 해야만 하는 경우**

구분	내용
외부적 징후	① 자산 시장가치의 중요한 하락 ② 기업에 불리한 기술, 시장, 경제, 법률환경변화 ③ 시장이자율의 급격한 상승 ④ 순장부금액 〉 주식의 시가총액 (PBR〈1)
내용연수	① 자산의 물리적 손상이나 진부화 ② 구조조정 등 자산의 사용범위나 방식에 영향을 주는 불리한 변화 ③ 내부보고에 의해 파악된 기대에 못 미치는 경제적 성과

영업권, 비한정내용연수를 지닌 무형자산, 미사용 무형자산은 매년 손상검사를 한다.

심화학습

손상차손의 인식사례

토지에 대해 재평가모형을 선택한 회사가 2011년 1월에 1,000원을 주고 토지를 취득했는데 2011년 말 토지가격이 상승해 회수가능가액이 1,300원이 되었다. 그런데 2012년에는 다시 회수가능가액이 900원으로 하락한 경우 2012년에 인식할 손상차손금액은 얼마인가?

▶ 2011년 : 재평가잉여금 300원을 자본으로 인식
▶ 2012년 : 400원이 감소(장부가액 1,300원 − 회수가능가액 900원)하였으나 재평가잉여금 300원을 고려해 손상차손 100원을 인식

현금창출단위별 손상검사

회사는 하나의 사업을 영위하는 경우도 있지만 한 회사 안에서 다양한 사업을 영위하기도 한다. 예를 들어 삼성전자나 LG전자의 경우 모바일사업부 외에도 가전, 반도체 등 다양한 사업부가 존재한다. 국제회계기준에서는 사업부와 유사한 개념으로 **독립적으로 현금을 벌어들일 수 있는 단위**를 현금창출단위(Cash Generating Unit)라고 부른다.

현금창출단위는 기업 내부적으로 관리되는 영업단위로 회사마다 그 기준이 다를 수 있다. 예를 들어 어떤 회사는 지역별로 현금창출단위를 구별할 수도 있고 어떤 회사는 생산제품별·서비스별로 구별할 수도 있다. 이러한 현금창출단위는 반드시 다른 현금창출단위와 독립적으로 현금유입을 발생시킬 수 있어야 한다.

그러면 국제회계기준에서는 왜 현금창출단위의 개념을 도입했을까? 바로 자산손상차손의 인식을 강화하기 위한 것으로 판단된다. 이는 개별자산별 수준에서 손상여부에 대한 평가가 이루어지는 것과 별도로 현금창출단위로도 손상검사를 하기 위한 것으로 볼 수 있다. 예를 들어 기업이 보유하고 있는 노트북의 경우 자산손상이 발생하지 않을 수 있으나 그 노트북이 속한 현금창출단위의 경영성과가 매우 저조하다면 해당되는 노트북에 대해서 손상차손을 인식하는 것이 합리적일 것이다. 즉, 현금창출단위의 장부금액은 100억 원임에도 회수가능가액이 90억 원이라면 10억 원의 손상금액을 해당 현금창출단위를 구성하는 자산에 합리적으로 배부해 손상차손을 인식하게 된다.

▶ **회사별 현금창출단위의 예**

회사	개수	현금창출단위(CGU)
D사	5	의류, 주류, 무역상사, 전자, 정보
S중공업	8	주물단조, 담수, 방산, 운반설비, 원자력, 일반건설, 플랜트 건설, 보일러
HI기술	4	건설기기, 산업차량, 엔진, 공기
XX건설	3	건축, 토목, 주택

▶ **현금창출단위(CGU)의 손상검사**

- 개별자산의 단순 감액손실뿐만 아니라 **자산집단(CGU)별로 손상검사 강화**
  → 개별기계장치가 아닌 현금창출단위(CGU) 별로 손상검사 시행

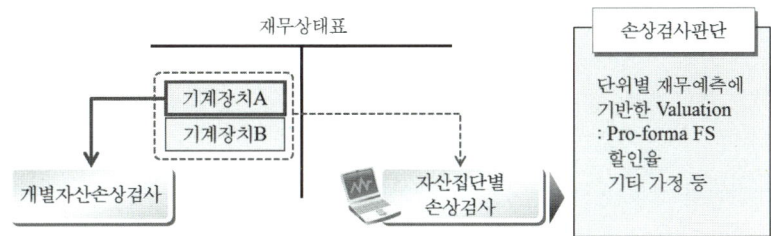

- R&D가 많은 기업 및 벤처기업 등의 경우 **개발비 등의 손상검사로 당기순이익 감소예상**

Chapter 26
달라지는 금융상품의 범위와 평가

금융상품이란?

기업 간에는 상품을 사고 파는 거래뿐만 아니라 다양한 금융거래들이 발생한다. 금융상품이란 한편으로는 금융부채나 지분상품을 발생시키고 동시에 다른 한편에는 금융자산을 발생시키는 모든 종류의 계약을 의미한다.

금융상품을 금융기관과 거래되는 정형화된 정기예적금 등으로 정의했던 기존의 회계기준과 달리, 국제회계기준에서는 위의 정의에 따라 그 범위가 확대되었다. 즉, 현금 및 현금등가물·유가증권·대여금 및 매출채권도 모두 상대방에게 금융부채나 지분증권을 발생시키므로 금융상품(통상 '금융자산'이라 한다)에 포함된다. 마찬가지로 매입채무·차입금 주식 등도 모두 금융상품(통상 '금융부채'라고 한다)의 범주에 속한다.

금융부채는 부채와 자본으로 구분하면 되겠지만 금융자산은 어떻게 구분을 할까? 금융자산은 측정방법에 따라 크게 ① 당기손익인식금융자산, ② 매도가능금융자산, ③ 만기보유금융자산, ④ 대여금 및 수취채권으로 구분된다.

당기손익인식금융자산이란 금융자산을 공정가치로 평가하고 그 평가손익을 당기손으로 인식하는 금융자산을 말한다. 당기손익인식금융자산에는 단기매매증권, 투자목적의 파생상품, 당기손익인식지정금융자산(Fair Value Option) 등이 있다.

매도가능금융자산은 당기손익인식금융자산이나 만기보유금융자산으로 분류되지 않는 지분증권 및 채무증권으로, 재무상태표에는 공정가치로 계상하지만 평가손익을 '기타포괄손익'으로 인식한다.

만기보유금융자산은 만기가 정해져 있고 지급금액이 확정된 채권 중 보유자가 만기까지 보유할 능력과 의도가 있는 경우 사용할 수 있다. 만기보유증권은 공정가치평가를 하지 않고 취득원가로 표시하되, 현재가치조정만 이자손익으로 반영한다(이를 '상각후원가법'이라고 한다).

대여금 및 수취채권은 지급금액이 확정된 것으로 시장에서 거래가격이 공시되지 않는 것을 말하는데 만기보유증권처럼 원가로 표시하되 현재가치조정을 하게 된다. 대여금 및 수취채권에는 매출채권, 대여금, 미수금 등이 있다.

▶ 금융상품의 범주

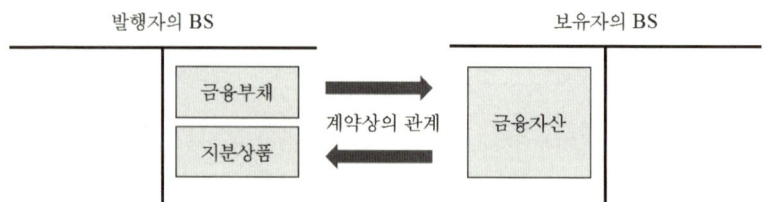

▶ 금융자산의 분류

구분	금융자산 예시
당기손익인식금융자산 (FVTPL)	통화선도 등 파생상품(위험회피로 않는 것) 단기매매목적으로 보유하고 있는 지분상품 등 당기손익인식지정금융자산(Fair Value Option)
만기보유금융자산 (HTM)	국공채 등 만기보유목적으로 보유하고 있는 채무증권
대여금 및 수취채권 (L&R)	현금및현금성자산, 정기예금, 당좌거래보증금 매출채권, 장단기대여금, 미수금 미수수익, 임차보증금
매도가능금융자산 (AFS)	다른 금융자산으로 분류되지 않는 지분증권 및 채무증권

▶ 분류별 금융자산의 평가

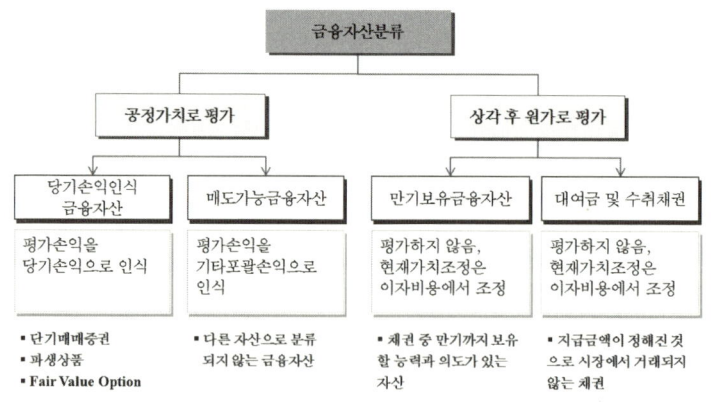

142   한 권으로 끝내는 IFRS

상환우선주는 부채로 분류한다

과거 기업회계기준에서는 부채와 자본의 구분은 상법상 발행형태가 주식인지 여부에 따라 구분했다. 따라서 상환우선주와 같이 일반적으로 차입금의 만기와 유사한 상환기한과 상환금액이 정해져 있어 실질적으로 차입금의 성격을 가지고 있는 경우, 상법상 주식으로 발행되므로 자본으로 분류한다.

이러한 상환우선주를 통해 자금을 조달한다면 실질적으로 부채일 수 있는 항목이 자본으로 분류되어 기업은 부채비율을 낮추고 재무제표를 좀 더 건실하게 보일 수 있다. 반면 상환우선주를 구입하는 주주는 실질적으로 돈을 빌려주는 형태이면서도 다른 채권자에 비해 불리한 주식의 형태를 취하므로 상대적으로 높은 배당률 혹은 보통주와의 전환권 등을 보상차원에서 요구할 수 있게 된다.

따라서 상환우선주를 자본으로 나타낸다면 이러한 내용을 잘 이해하지 못하는 정보이용자의 의사결정에 혼동을 줄 수 있을 것이다. 예를 들어 내년 4월부터 우선주 보유자들이 상환우선주의 상환청구를 요구할 수 있고 상환을 청구할 가능성이 높은 경우를 생각해 보자. 이러한 상환우선주를 부채가 아닌 자본으로 보여주게 된다면 재무지식이 높지 않은 정보이용자는 상환청구에 따른 지급의무를 의사결정에 반영하지 못할 가능성이 있을 것이다.

따라서 국제회계기준은 경제적 실질에 따라 지급의무의 존재여부로 부채여부를 판단한다. 즉, 발행형식에도 불구하고 만약 거래상대방이 요구하는 경우 피할 수 없는 지급의무가 존재한다면 부채로 간주한다.

그러므로 주주에게 청구권이 부여된 상환우선주는 부채로 분류하게 되고 배당금의 지급은 이자비용과 같이 회계처리가 될 것이다.

참고로 국제회계기준은 상환우선주를 부채로 분류하지만 비상장법인에 적용되는 일반기업회계기준은 형식에 따라 자본으로 분류한다. 따라서 적용되는 기준에 따라서 동일기업이라도 부채비율이 다르게 산출된다는 점을 유의해야 할 것이다.

▶ **부채와 자본의 분류**

■ 발행형식보다 경제적 실질에 따라 분류

부채
- 상대방의 요청 시 현금 등 금융자산을 인도하는 경제적 의무가 존재
  : 의무의 발생가능성이 100%일 필요는 없음

자본
- 확정 수량의 자기지분(주식)을 확정대가를 받고 발행하는 주식발행계약

부채란 상대가 요구하는 경우 현금 등을 지급해야만 하는 것을 말한다. 따라서 주주가 요구하는 경우 상환을 해야만 하는 상환우선주는 주식발행이라기보다 차입금으로 보는 것이 옳다.

▶ 배당우선주와 상환우선주의 분류

구분	금융자산 분류	비고
배당우선주 (배당에 대한 재량권을 회사가 보유)	지분상품	회사가 상황에 따라 배당금을 지급하지 않을 수 있으므로 자본으로 분류
배당우선주 (의무지급조건의 배당)	금융부채	배당금을 의무적으로 지급하여야 하고 이를 피할 수 없으므로 부채로 분류
상환우선주 (주주가 청구권 보유)	금융부채	주주의 요구에 대해 상환청구를 하여야만 하므로 부채로 분류
상환우선주 (회사가 청구권 보유)	지분상품	주주가 상환청구를 할 수 없고 회사의 선택으로 상환여부가 결정되므로 자본으로 분류

매출채권 할인은 담보차입

매출채권이란 기업이 외상으로 제품 등을 판매하고 미래에 매출대금을 받을 수 있는 권리를 의미하는데, 받을어음 등이 있다.

그런데 기업은 자금운용상황에 따라 매출대금을 받기로 약속한 날 이전에 매출대금이 필요할 수 있다. 이런 경우 금융기관은 기업이 보유하고 있는 매출채권을 넘겨 받고 약간의 이자비용 등 수수료를 제외한 후 금액을 지급해 준다. 이를 매출채권의 할인이라고 한다. 그리고 은행 등 금융기관은 해당 매출채권이 회수되지 않을 위험을 줄이기 위해 대금이 회수되지 않을 경우 채권을 넘겨준 기업에게 대신 지급하도록 계약하게 된다. 이러한 거래는 매출채권을 매각한 것으로 볼 수 있을까?

기존 기업회계기준은 실질적으로 매출채권의 해당자산에 대한 통제권이 이전되었는지 여부를 가지고 매각여부를 판단한다. 이때 매출채권을 양도한 후 채권회수에 대한 담보책임이 있는지 없는지로는 양도여부를 판단하지 않는다. 이러한 담보책임은 일종의 하자보수의 일환으로 통제권의 양도와는 직접적인 상관이 없다고 보는 것이다. 따라서 일반적으로 매출채권 등의 양도는 채권매각거래로 인정되어 왔다.

그러나 국제회계기준에서는 채권의 매각여부를 판단하는 기준으로 ① 해당자산에 대한 현금흐름에 대한 권리가 소멸되었는지, ② 위험과 보상이 이전되었는지, ③ 금융자산에 대한 통제권이 이전되었는지 여부를 본다.

따라서 매출채권의 대금회수여부에 대해 담보책임을 지고 있는 경우, 위험과 보상이 완전히 이전된 것으로 보지 않아 매각되었다고 판단하지 않고 당 채권을 담보로 차입한 것으로 판단한다. 매출채권 담보차입이 되면 할인한 매출채권이 재무상태표에서 제거되지 않고 금융기관으로부터 수령한 자금을 단기차입금으로 재무상태표에 계상해 할인기업의 부채비율이 상승하게 된다.

과거에 일반적으로 이루어졌던 금융기관의 부실채권 등에 대한 자산유동화(ABS), 일반기업의 매출채권할인과 무역어음의 할인 등은 대부분 양도자가 담보책임을 부담하고 있으므로 국제회계기준에서는 자산매각이 아닌 담보차입으로 판단한다.

▶ 매출채권 매각판단

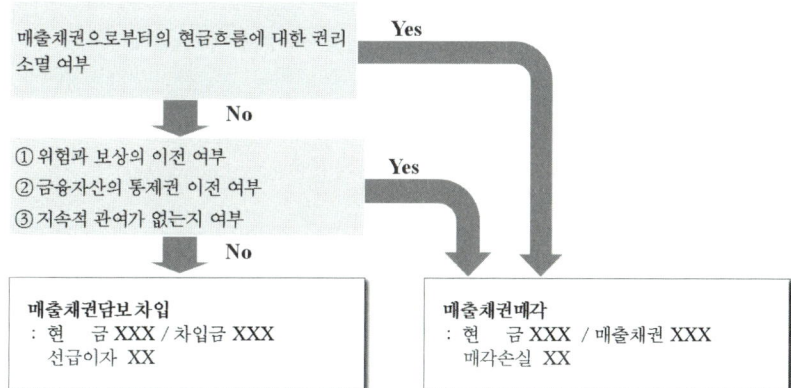

자산을 매각했다는 것은 그 자산에 대한 모든 권리와 의무를 넘긴 것을 의미한다. 따라서 매출채권에 대한 회수여부를 담보하는 매출채권할인은 매각이 아니라 돈을 빌린 것에 해당한다.

심화학습

SE사는 앞으로도 차입금을 0원으로 표시할 수 있을까?

상장법인인 SE사는 우리은행을 통해 매출채권 할인을 받는다. 예금을 1조 원 이상 보유하고 있지만 자금운용에 일시적인 불일치가 발생했기 때문이다. 규모는 1,600억 원이며 할인율은 5% 미만. 대상채권은 관계회사인 D사에 대한 매출채권이다. 현재 SE사는 5,500억 원 규모의 D사 설비라인 건설을 진행하고 있다.

SE사 관계자는 "11월 말 일시적으로 자금을 써야 하지만 예금만기와는 시차가 있어 매출채권 할인을 받게 됐다"며 "우량 기업의 매출채권일 경우, 할인율도 낮아 가끔 사용하고 있다"고 말했다. SE사의 2010년 말 기준 현금성 자산은 9,733억 원이며 차입금은 '0원'이다.

> 한 애널리스트는 "SE사는 무차입경영을 시도하고 있어 일시적인 자금 불일치가 발생할 경우, 매출채권할인을 사용하는 것 같다"며 "영업실적도 나쁘지 않아 현재와 같은 자금운용은 계속될 전망"이라고 말했다.

대손충당금이 줄어들 가능성이 있다

대손충당금이란 기업이 보유하고 있는 매출채권·대여금·미수금 등이 회수되지 않을 것에 대비해 설정하는 것으로 해당채권에서 차감해서 표시한다.

기존 기업회계기준은 채권의 회수여부를 합리적으로 예측해 대손충당금을 설정해왔다. 즉, 채권에서 회수될 것으로 기대되는 미래현금흐름을 추정해서 이것이 채권의 장부가액보다 작은 경우 대손충당금을 설정했다. 따라서 부도 등이 발생하기 이전에 적시성 있게 재무제표에 반영할 수 있어 재무상태표상 자산의 건전성을 유지하는 데 유리했다. 하지만 예측이 틀리는 경우도 많고 예측에 있어 주관성이 개입되는 등 추정이 어려운 단점이 있었다.

반면 국제회계기준에서는 대손충당금을 예상금액으로 인식하지 않는다. 손실발생에 대한 객관적인 증거가 존재하고 손실금액이 신뢰성 있는 측정에 필요한 미래현금흐름에 영향을 미친 경우에만 손실, 즉 대손충당금을 설정할 수 있다. 따라서 아직 **발생하지 않은 미래예상손실을 추정해 대손충당금을 설정하는 것이 아니라 손상사건이 객관적으로 발생했을 때 대손충당금을 설정한다.** 이를 발생손실접근법이라고 한다. 따라서 과거 관행적으로 세법에 따라 채권잔액의 1%

를 대손충당금으로 설정했던 금액은 모두 취소처리해야 한다. 이는 채권 등의 평가에 객관성을 중시한 것으로, 자산부채평가에 주관을 배제함으로써 신뢰성 있는 정보를 재무제표 이용자에게 제공하고자 하는 취지이다.

국제회계기준에서 규정하고 있는 발생손실접근법에 따르면, 금융기관의 경우 손실발생사실이 확정된 채권 등에 한해 대손충당금을 설정할 수밖에 없고 재무제표에 부실자산이 잠재될 가능성이 높아진다. 또한 현실적으로 금융기관의 경우 바젤(Basel) II의 규정 등에서 설정하기로 한 대손충당금 금액보다 작게 되는 문제점이 발생하기도 한다. 현재 금융감독원에서는 이러한 점을 고려해 보완장치를 마련하는 중이며 동시에 국제회계기준위원회에 이에 대한 개선책을 건의 중이다.

▶ 회계기준별 대손충당금 설정방법

기본 기업회계기준
- 예상손실접근법
- 미래 예상손실을 추정하여 대손충당금 설정
- 대손충당금 설정에 주관이 반영되어 추정에 논란이 많음

국제회계기준
- 발생손실접근법
- 객관적인 손실 발생징후가 있을 때 대손충당금 설정
- 자산에 대한 적시성 있는 손실평가가 어려워 왜곡가능성 존재

이제는 실제로 채권에 손실이 발생한다는 객관적 증거가 있어야 대손충당금을 설정할 수 있다. 객관적인 손실이 있기 전에 대손충당금을 설정하지 못하므로 받지 못할 것으로 예상되는 채권이 있는지 주석을 잘 살펴볼 필요가 있겠다.

> **심화학습**
>
> **금융기관의 대손충당금 설정**
>
> 2011년부터 국제회계기준(IFRS)이 적용됨에 따라 모든 금융회사에 대손충당금 대신 '대손준비금' 제도가 도입된다. IFRS 적용으로 손실발생이 객관적으로 확인되는 시점 전에는 대손충당금 적립액이 줄어들어 금융회사의 재무안정성이 흔들릴 수 있기 때문이다.
>
> 금융위원회에서는 대손충당금을 적게 쌓고, 이로 인해 손실흡수능력이 저하되는 문제를 해소하기 위해 대손준비금 제도를 금융권에 도입키로 결정했다. 이에 따라 금융위는 증권·선물회사가 IFRS에서 요구하는 대손충당금과 금융감독원의 엄격한 감독기준과의 차액을 대손준비금으로 쌓도록 하는 내용의 금융투자업 규정 개정안을 최근 입법예고했다.
>
> 이는 IFRS에서 발생한 손실에 대해서만 대손충당금을 설정하도록 하는 것으로서, 금융회사들의 재무 안정성을 유지하기 위한 준비금 형식을 빌어 IFRS에서도 현행 수준의 대손충당금을 설정하게끔 하려는 것이다.

지급보증은 충당부채가 아닌 확정부채

지급보증이란 다른 회사가 부담하고 있는 차입금 등의 채무에 대해 만일 그 회사가 채무를 지급하지 못하는 경우 채권자에게 대신 지급해주는 보증계약이다. 이러한 지급보증은 관계회사나, 건설회사가 공사계약을 체결하기 위한 목적으로 시행사라고 하는 발주자의 채무에 대해 이루어지는 것이 일반적이다. 통상 시행사는 건설회사보다 규모가 작고 신용도도 낮으므로 금융기관 등은 시행사의 신용도만으로는 돈을 빌려주기가 거의 불가능하다.

기존 기업회계기준에서는 이러한 지급보증은 우발채무로 하여 주석에만 지급보증사실을 기록하면 되었고 만일 지급보증에 따라 채무를 대신 지급할 가능성이 높은 경우(발생가능성이 80%가 넘는 경우) 충당부채를 설정하며 비용과 부채를 인식했다.

그러나 국제회계기준에서는 이러한 지급보증을 우발부채 혹은 충당부채로 인식하는 것이 아니라 '금융보증계약'이라는 확정부채로 인식하도록 하고 있다. 이는 지급보증을 하게 되면 손실발생가능성에 상관없이 부채로 인식하라는 의미이다. 이때 부채로 인식하는 금액은 지급보증의 실행가능성이 없을 경우 지급보증을 받는 기업이 서울보증보험 등 타 금융기관에 지급보증을 요청했을 경우 지급해야 할 보증료의 현재가치로 인식한다. 그리고 이후 **지급보증에 따라 지급할 가능성이 발생하면**(발생가능성이 50%가 넘는 경우) **지급할 금액을 부채로 계상**한다.

물론 손실가능성이 높지 않은 경우 지급보증료가 크지 않아 부채로 인식할 금액이 작을 수도 있으나 회계장부에 부채로 계상하게 되면 매 결산 시 이에 대한 검토가 이루어지게 되므로 보다 주의를 기울이게 될 것이다. 그리고 **발생가능성이 50%만 넘으면 부채로 인식**하도록 하므로 과거와 같이 충당부채로 인식하는 것에 비해서 **부채로 계상되는 경우가 증가**될 것이다.

이렇게 지급보증 시 부채로 계상될 가능성이 높아지므로 많은 건설사들이 시행사에 지급보증하기를 꺼려하고 있으며, 이로 인해 부동산 개발 등의 사업진행이 더뎌지고 있는 실정이다.

▶ 금융보증계약

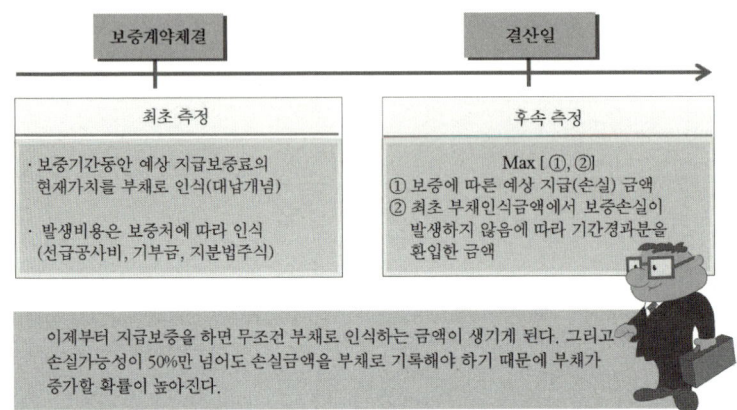

심화학습

지급보증이 건설사에 미치는 영향

건설사가 명목이 아닌 실질 시행사와 1조 원 규모의 지급보증계약을 맺는다면, 해당 건설사의 부채비율은 얼마나 상승할까? 시공능력순위 상위 5대 건설사를 분석해 보면 1조 원의 지급보증 시 부채비율은 1~2% 정도 증가할 것으로 예상된다. 이는 1조 원이라는 지급보증액 전체가 부채로 반영되는 것이 아니라 보증수수료의 공정가치만큼만 건설사의 부채로 계상되기 때문이다.

일반적으로 보증수수료율은 전체 지급보증금액의 5%를 초과하지 않는 수준으로 책정된다. S건설의 경우 시행사와 1조 원의 지급보증계약을 맺는다고 가정하면, 부채총액은 최대 500억 원이 증가하고 부채비율은 96%에서 97%로 약 1%포인트가 상승하는 것으로 분석된다. 상대적으로 자본총액 규모가 작은 H건설과 D건설의 경우에도 각각 2%포인트 정도의 부채비율 상승으로 이어진다는 결과가 나왔다.

만약 프로젝트의 손실가능성이 높아 지급보증액 전체를 부채로 인식한다면, 1조 원의 지급보증으로 H건설과 D건설의 부채비율은 각각 30%와 32%포인트가 증가하게 된다.

금융상품에 대한 주석 증가

현금 · 대여금 · 매출채권 · 유가증권 등 기업이 보유하고 있는 금융상품은 정보이용자들이 기업가치와 관련해 큰 영향을 미치는 항목으로 판단하는 매우 중요한 자산이다. 여러 차례 금융위기를 경험한 정보이용자들은 "매출채권이나 유가증권이 회수하는 데 문제가 없을까? 재무상태표에 있는 금융상품의 금액은 실제로 실현될 때 문제가 없을까?"라는 사항 등에 관심이 많을 것이다.

국제회계기준에서는 금융상품에 대해 공정가치로 평가하는 경우, 공정가치의 서열체계를 이용해 공정가치 측정치의 신뢰도를 구분한다. 공정가치서열은 공정가치 측정방법과 이에 따른 금액의 신뢰도에 따라 수준1 · 2 · 3단계로 분류된다.

금융상품 중 상장주식과 같이 동일한 자산의 공정가치를 시장에서 확인할 수 있는 것은 '수준1'로, 장외시장에서 거래되는 비상장주식가격처럼 공개시장은 아니지만 비공개시장에서 파악한 직간접정보를 이용해 공정가치를 측정한 것을

'수준2'로 분류한다.

마지막으로 시장에서 거래되지 않는 비상장주식처럼 시장정보가 아닌 것을 이용해 공정가치를 측정한 것을 '수준3'으로 분류한다. 따라서 수준3의 금융자산이 많은 경우라면 해당 금융자산의 재무상태표상 금액으로 실현되지 않을 가능성이 상대적으로 높을 수 있다는 것을 의사결정과정에서 충분히 고려해야 할 것이다.

▶ 공정거래 서열체계

수준1	동일한 자산이나 부채에 대한 활성시장의 공시가격
수준2	공개시장이 아닌 시장에서 직, 간접적으로 관측 가능한 자산이나 부채의 투입변수로 공정가치 측정
수준3	관측가능한 시장자료에 기초하지 않은 자산이나 부채에 대한 투입변수로 공정가치 측정

공정거래 서열체계에 따른 예시

구 분	2009.12.31			
	수준1	수준2	수준3	합 계
자 산				
당기손익인식금융자산				
- 당기매매파생상품	-	246	-	-
매도가능금융자산	13,023	-	28,936	41,959
합 계	13,023	246	28,936	41,959
부 채				
당기손익인식금융부채				
-단기매매파생상품	-	142,155	-	142,155
위험회피목적파생상품	-	220	-	220
주식보상기준	-	13,559	-	13,559
합 계	-	155,934	-	155,934

상기공시 중 파생상품은 환율 등의 시장정보에 의해 공정가치가 산출된 것으로 보아 수준2로 분류하였고, 매도가능금융자산의 경우 시장정보를 이용해 공정가치가 도출되지 않아 수준3으로 분류된 것으로 분석된다.

그리고 국제회계기준에서는 보유하고 있는 금융자산이 회수되지 못할 위험에 대한 정보(신용위험)와 기업이 자신의 채무를 이행하지 못할 위험(유동성위험) 그리고 금융위기처럼 이자율이나 환율 등 금융시장의 변화에 따른 재무적 영향(시장위험)을 공시하도록 하고 있다. 과거에는 이러한 재무위험에 대한 분석을 정보이용자들이 직접 수행해야 했으나, 국제회계기준에서는 정보이용자들의 의사결정에 도움을 주고자 이러한 정보를 주석으로 공시하게끔 했다.

▶ 금융시장과 관련된 위험의 종류

위험	설명
신용위험	기업이 대여해준 금액에 대해서 차입자가 차입금을 상환하지 않아 기업이 손해를 볼 위험
유동성위험	기업이 차입금 상환 등 부채관련 의무를 이행하지 못할 위험
시장위험	기업이 외화차입금에 대한 환위험 등에 노출될 위험, 주식가격 변동위험 등 시장가격 변화에 따른 위험

▶ 위험 공시 사례1

유동성위험 공시 사례

(단위 : 원)

2009년	1년미만	1년에서 2년이하	2년에서 5년이하	5년 초과
차입금	25,583,200,000	10,935,960,000	12,959,140,000	998,900,000
파생금융상품	156,869,242	-	-	-
기타금융부채	1,054,938,453	548,478,348	-	-
매입채무 및 기타채무	4,999,897,560			
합 계	31,794,905,255	11,484,438,348	12,959,140,000	998,900,000

▶ 위험 공시 사례2

시장위험(이자율) 공시 사례

(단위 : 백만 원)

	2010 년		2009 년	
	100bp 상승시	100bp 하락시	100bp 상승시	100bp 하락시
이자비용	44,342	-44,342	32,865	-32,865
이자수익	16,802	-16,802	23,146	-23,146
파생상품평가이익(손실)(*)	8,000	-8,000	7,885	-7,885

시장위험(환율) 공시 사례

(단위 : 백만 원)

	2010 년		2009 년	
	10% 상승시	10% 하락시	10% 상승시	10% 하락시
미국달러/원	-447,170	447,170	-413,377	413,377
유로/원	7,917	-7,917	24,008	-24,008

심화학습

금융상품의 개정 : IFRS9은 무엇인가

국제회계기준의 금융상품의 인식과 측정에 대한 기준서인 IAS39는 내용이 복잡하고 어려워 실무적으로 적용하는 데 어려움이 있었다. 그리하여 금융상품 회계처리의 복잡성 등을 개선할 목적으로 새로이 IFRS9번이 제정되었다.

새로운 기준서는 금융상품의 분류를 당기손익인식 금융자산, 만기보유금 금융자산 등으로 구분하지 아니하고 ① 공정가치측정 금융자산과 ② 상각후원가측정 금융자산으로 분류한다.

주식 같은 지분상품을 공정가치를 측정하면, 기업의 선택에 따라서 평가손익은 ⓐ 당기손익으로 인식하는 경우와 ⓑ 기타포괄손익으로 인식하는 경우로 나뉘게 된다. 기타포괄손익으로 평가손익을 인식하는 경우 처분손익도 기타포괄손익으로 인식한다.

● 금융상품의 분류

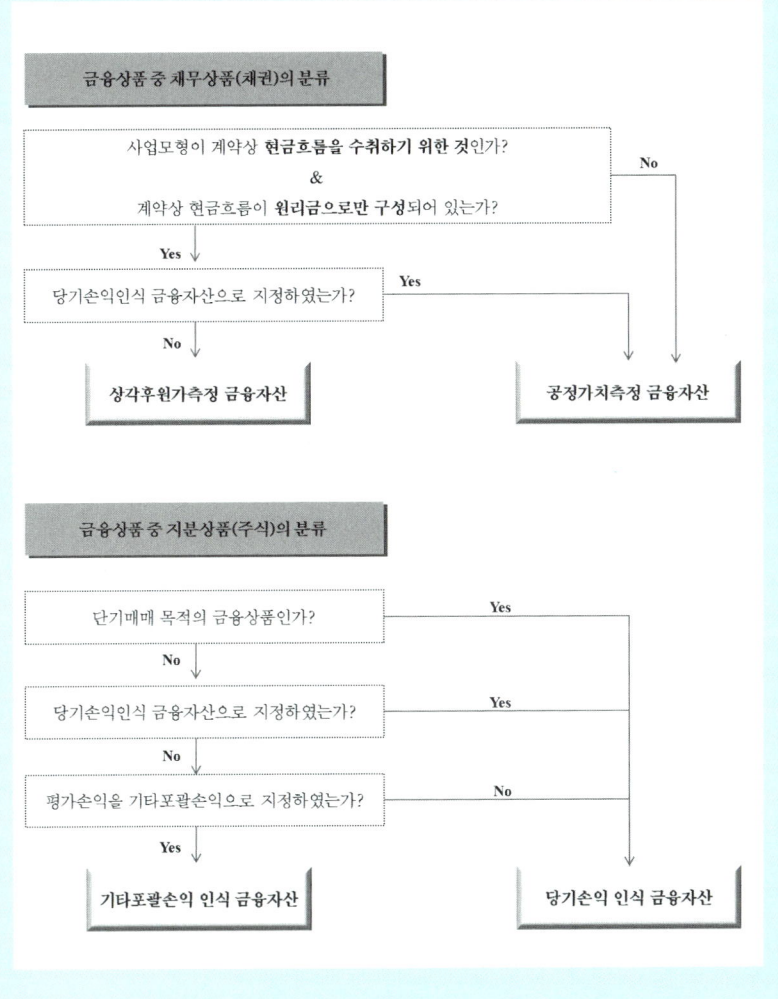

Chapter 27

퇴직급여, 재무제표에서 어떻게 나타날까

확정급여형과 확정기여형 제도

기업이 종업원의 근무대가로서 퇴직 시 지급하는 것을 퇴직급여라고 한다. 과거에는 이러한 퇴직급여를 기업 내부에 부채로 인식하기만 하고 별도로 기금을 만들 것을 강제하지는 않았다. 그러나 부도 등으로 인해 종업원이 퇴직급여를 받지 못하는 경우가 많아지자 퇴직급여제도를 확정급여형(Defined Benefit Plan)과 확정기여형(Defined Contribution Plan)으로 개선, 도입하였다.

확정기여형 제도(DC)란 기업이 종업원 명의의 퇴직기금에 정해진 퇴직급여를 납입하면 종업원이 자신의 책임 하에 퇴직기금을 운영하는 제도이다. 따라서 퇴직기금의 운용실적에 따라 퇴직급여가 달라지며 그 책임을 모두 종업원이 지게 된다. 반면 기업입장에서는 정해진 퇴직급여를 기금에 지급함으로써 모든 의무를 다하는 것이므로 단순히 급여를 지급한 것과 동일하다. 따라서 퇴직기금의 변동사항이 재무제표에 영향을 주지 않을 것이므로 정보이용자에게 많은 정보를 주석에서 알릴 필요가 없을 것이다.

▶ **퇴직급여제도의 종류**

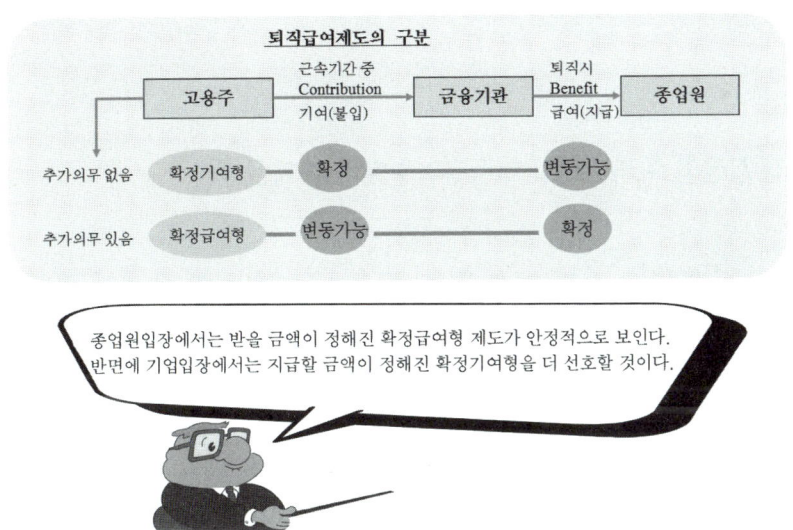

확정급여제도(DB) (Defined Contribution plan)
- 퇴직기금의 운영 리스크를 회사가 부담 → F/S에 미치는 영향 큼
- 종업원의 퇴직금 수령액은 정해져 있음

확정기여제도(DC) (Defined Contribution plan)
- 퇴직기금의 운영 리스크를 종업원이 부담 → F/S에 미치는 영향 작음
- 회사의 지급액은 정해져 있고 종업원의 퇴직금수령액은 투자수익에 따라 달라짐

종업원입장에서는 받을 금액이 정해진 확정급여형 제도가 안정적으로 보인다. 반면에 기업입장에서는 지급할 금액이 정해진 확정기여형을 더 선호할 것이다.

*참고) 퇴직연금제를 도입하지 않고 과거의 퇴직금 제도를 채택하고 있는 경우, 그 내용이 확정급여제와 동일하므로 이에 따라 회계처리한다.

확정급여형 제도(DB)란 사전에 종업원과 지급받을 퇴직급여를 확정하고 수급권이 종업원에 있는 회사 명의의 퇴직기금을 기업의 책임 하에 운영하는 것을 말한다. 확정급여제도는 종업원입장에서는 퇴직급여가 정해져 있어 안정적으로 퇴직급여를 수령할 수 있으나, 기업입장에서는 퇴직기금의 운영실적에 따라 기업이 부담하는 금액이 달라질 수 있다. 따라서 퇴직급여가 재무제표에 미치는 영향이 변동될 수 있다.

예를 들어 주식시장이 좋지 않은 경우, 종업원에게 정해진 퇴직급여를 지급하기 위해서는 더 많은 기금을 납부해야 하고 주식시장이 좋은 경우에는 상대적으로 적은 기금을 납부하면 된다. 따라서 기업이 부담하는 금액이 변동할 가능성이 높고 이러한 사항이 재무제표에 미치는 영향이 클 수 있으므로 국제회계기준에서는 주석에 관련정보를 많이 공시하도록 하고 있다.

미래 지급할 퇴직금으로 퇴직급여추계액을 계산한다

기업이 퇴직급여를 종업원에게 바로 지급하는 확정기여제도와 달리, 확정급여제도는 기업이 미래 퇴직금을 지급하기 위해 현재 부채로 계상해야 할 금액과 현재 퇴직기금금액을 재무제표에 본인의 자산·부채로 표시한다. 기존 기업회계기준에서는 퇴직급퇴직급여추계액을 기말 현재 전 종업원이 일시에 퇴직할 것을 가정해 계산하였으며 부채로 인식했다. 그러나 기말 전 종업원이 퇴사한다는 것은 비현실적일 뿐만 아니라 계속기업가정에도 부합하지 않는다.

국제회계기준은 종업원의 미래 퇴직시점을 추정하고 급여상승률 등을 고려, 이때 수령할 퇴직급여가 얼마인지를 계산하고 그 금액을 지급하기 위해서 현재 필요한 금액을 부채(확정급여채무)로 계상하도록 하고 있다. 이렇게 미래 지급액을 기준으로 금액을 설정하는 것을 예측가치개념이라고 한다.

그런데 미래 퇴직급여지급을 위해 현재 필요한 금액을 추정하는 것은 매우 어려운 일이다. 예를 들어 종업원이 언제 퇴사할지, 근속연수는 얼마일지, 급여상승율은 얼마일지 등을 추정하기란 매우 힘들다. 따라서 퇴직급여부채로 추정해서 계상할 금액은 보험회사에 의뢰해 추정하는 것이 가장 합리적이다. 보험사들은 많은 개인들의 생활패턴을 통계적으로 조사·분석을 하고 있기 때문이다. 이 때 보험회사 등이 퇴직급여부채의 추정을 위해 사용하는 다양한 가정을 보험수리적가정이라고 한다.

이러한 보험회사의 추정은 항상 정확할까? 그렇지 않을 것이다. 매년 수정사항이 나타날 것이고 이런 수정사항을 '보험수리적손익'이라고 한다. 그리고 퇴직급여제도의 도입, 규정변경 등으로 인해 부채금액을 조정하는 것을 '과거근무원가'라고 한다. 이러한 보험수리적손익과 과거근무원가는 적절한 방법으로 손익계산서에 인식하게 된다.

확정급여제도를 도입한 기업이 외부에 적립하는 퇴직기금을 '사외적립자산'이라고 한다. 당연히 이는 기업의 자산이므로 재무상태표상 확정급여부채의 차감항목으로 나타난다. 이러한 사외적립자산은 공정가치로 평가하며 평가손익은 손익계산서상 퇴직급여를 감소시켜주게 된다.

확정급여채무는 당기 말 퇴직을 가정하는 것이 아니라, 나중에 퇴직할 때 지급할 금액 중 현재까지 근무한 데 대한 것을 부채로 인식하는 것이다.

▶ 청산가치와 예측가치에 따른 추계액 산정

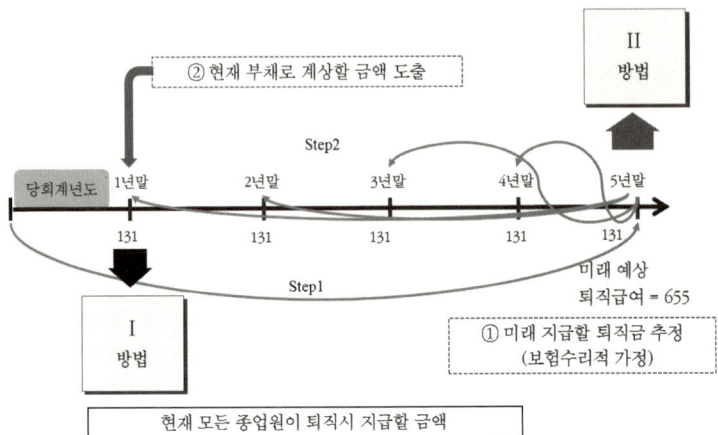

구분	설명
확정급여채무	퇴직급여추계액에 해당되는 것으로 미래 퇴직금을 지급하기 위하여 현재 부채로 인식하여야 하는 금액
사외적립자산	기업이 종업원을 수급권자로 하여 금융기관에 예치한 퇴직기금
보험수리적가정	미래 지급할 퇴직급여와 사외적립자산의 기대수익을 추정하기 위하여 사용한 다양한 가정
보험수리적손익	과거 미래 퇴직급여와 사외적립자산의 기대수익의 추정치의 수정에 따른 손익
과거근무원가	퇴직급여제도의 도입 및 개정에 따라 부채금액의 조정에서 발생한 비용

심화학습

국제회계기준에 따른 확정급여채무를 계산해보자

전체 종업원수 10명, 현재 1인당 월평균급여는 1,000원, 현재까지 종업원의 누적 평균 근속연수는 3년이고 예상 총근무기간은 8년, 임금상승율은 10%, 할인율은 5%인 경우 청산가치와 예측가치에 따른 부채 계상액은?

▶ **청산가치(기존 기업회계기준)**
퇴급여추계액 = 1,000원 × 10명 × 3년 = 30,000원

▶ **예측가치(국제회계기준)**
미래 퇴직금 총 지급액 = 1,000원 × 10명 × $(1+0.1)^5$ × 8년 = 128,840원
미래 퇴직금지급액 중 당기까지 근속분 = 128,840원 × 3년/8년 = 48,315원
당기까지 근속분의 기말 현재가치 = 48,315 × $[1/(1.05)^5]$ = 37,856원

확정급여부채 등은 재무제표에 어떻게 나타날까

기업이 확정급여제도를 도입하고 있는 경우 재무상태표에 퇴직급으로 지급할 것을 대비한 부채와 실제로 외부기금에 불입한 것을 부채차감으로 표시하는 것은 기존 회계기준 규정과 기본적으로 동일하다. 다만 부채금액을 산정하는 방법이 다를 뿐이다.

국제회계기준은 부채 등을 계상할 때 미래 추정금액을 사용하므로 추정이 변

경될 경우 변경사항을 ① 손익계산서에 체계정방법에 의해 손익으로 인식하는 방법, ② 기타포괄손익으로 즉시 인식하는 방법, 그리고 폐지가 논의되고 있지만 ③ 일정범위이상의 오차만 손익으로 반영하는 방법(범위접근법)에 따라 조정해 준다.

만일 즉시 변경사항을 반영하지 못하는 경우 추정오차를 회계장부에 미반영하였다고 해 '미인식 보험수리적손익'이라고 한다. 예를 들면 전기에 부채를 100원으로 추정했는데 부채를 과소계상해 10원을 추가로 부채와 비용으로 계상하여야 하는 경우, 이러한 보험수리적손익을 발견 즉시 조정하지 않는다면 정확한 부채금액은 110원인데 10원만큼 미반영이 되어 장부에는 100원으로 표시되었다고 주석에 나타나게 된다. 과거근무원가도 마찬가지로 미반영사항을 재무상태표에서 조정하게 된다.

손익계산서상 퇴직급여는 당기근무에 따른 금액에 과거에 설정된 퇴직급여부채의 현재가치조정분(이자비용)을 합한금액에 사외적립자산의 이자수익을 차감해 계산한다. 물론 추정과정을 거치므로 당기중 반영한 보험수리적손익과 과거근무원가의 조정분은 반영해 준다.

결론적으로 확정급여부채는 기존 기업회계기준에 비해 용어가 변경되고 추계액을 계산하는 방법이 변화한 것에 불구하므로 어렵게 생각할 필요는 없다. 다만 추정과정에 사용한 가정 등이 동종기업 혹은 과거에 사용되던 가정과 어떻게 달라지는지 주석에서 확인만 하면 될 것이다.

▶ **재무상태표와 포괄손익계산서상 퇴직급여의 표시**

재무상태표		포괄손익계산서	
	보고기간 말 현재 확정급여채무의 현재가치		당기근무원가 + 이자원가
−	보고기간 말 현재 사외적립자산의 공정가치	−	사외적립자산의 기대수익
±	미인식 보험수리적이익(손실)	±	보험수리적손실(이익)
−	미인식 과거근무원가	+	과거근무원가
구분확정급여부채		**퇴직급여**	

■ **확정급여채무 주석 사례**

확정급여채무	110	정확한 부채금액
미인식 보험수리적손실	-10	전기부채를 작게 추정하여 추가로 비용(부채)으로 인식하여야 하는 금액
확정급여채무	100	재무상태표상 부채금액

▶ **보험수리적 손익의 인식**

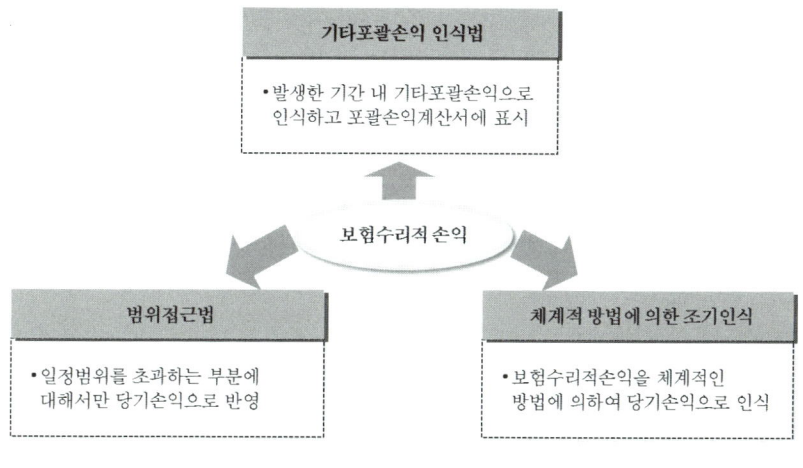

Chapter 28
외화환산법의 변화와 기능통화

달러로 회계장부 작성이 가능해진다

한국에서 공시되는 재무제표는 당연히 원화로 표시되어 있어야 정보이용자들이 이해하고 의사결정에 사용할 수 있을 것이다. 그러나 기중 전표의 입력 등 회계장부의 작성도 반드시 원화로 해야만 하는 것일까? 만약 기중 거래가 주로 미국 달러화에 의해 이루어진다면 거래일과 결산일의 환율변동으로 인해 외화환산손익이 많이 발생할 수 있다.

따라서 국제회계기준은 매출·매입 등의 거래가 주로 이루어지는 통화를 '기능통화'라고 해 기중 회계장부를 기록하는 통화로 사용할 수 있게 했으며, 이는 재무제표를 표시하는 표시통화와 다르게 할 수 있다. 즉, 반드시 '원화'로만 회계장부를 기록해야만 하는 것은 아니라는 의미이다. 이러한 기능통화는 임의로 결정하는 것이 아니라 매출·매입 등의 활동이 이루어지는 통화여야 한다. 이렇게 주로 거래가 이루어지는 통화로 회계장부로 작성하게 되면 거래일과 결산일의 환율변동차이를 인식하지 않아도 되므로 환율변동으로 인한 손익변동성이 감소될 것이다.

우리에게 익숙한 '원화'가 아닌 통화로 회계장부를 작성한 경우 정보이용자가 이해하기 어렵기 때문에 원화로 바꾸어 주어야 하는데 이를 재무제표환산이라고 부른다. 즉, 기능통화로 표시된 회계장부를 정보이용자에게 익숙한 표시통화로 바꾸어 주는 것이다. 표시통화는 어느 통화로도 할 수 있으나 대한민국에서는 '원화'를 표시통화로 하고 있다.

기능통화와 표시통화가 다른 경우 환산을 해주어야 하는데 항목별 적용환율이 다르므로 환율차이로 인한 환산손익이 발생한다. 표시통화로 환산 시 재무상태표의 자산과 부채는 보고기간 말의 마감환율을 적용하고, **자본은 발생일의 환율을 적용**한다. 이렇게 환산하면 차변과 대변의 금액이 다르게 되므로 그 차이금액을 기타포괄손익으로 인식한다. 그리고 포괄손익계산서의 수익과 비용은 해당 거래일의 환율(혹은 평균환율)을 적용해 환산하면 된다.

주로 거래가 달러화로 이루어지니까 달러화로 회계처리하면 환율변동으로 인한 손익변동이 줄어들 것이다. 그리고 재무상태표를 표시할 때 달러화를 원화로 바꾸면서 생긴 환산손익은 기타포괄손익으로 인식하면 된다.

▶ 기능통화의 주요 판단지표

판단지표	고려사항
매출지표	■ 재화와 용역의 공급가격에 주로 영향을 미치는 통화(흔히 재화와 용역의 공급가격을 표시하고 결제하는 통화) ■ 재화와 용역의 공급가격을 주로 결정하는 경쟁요인과 법규가 있는 국가의 통화
원가지표	재화를 공급하거나 용역을 제공하는 데 드는 노무원가, 재료원가와 그 밖의 원가에 주로 영향을 미치는 통화(흔히 이러한 원가를 표시하고 결제하는 통화)

▶ 재무제표 환산(기능통화 → 표시통화)

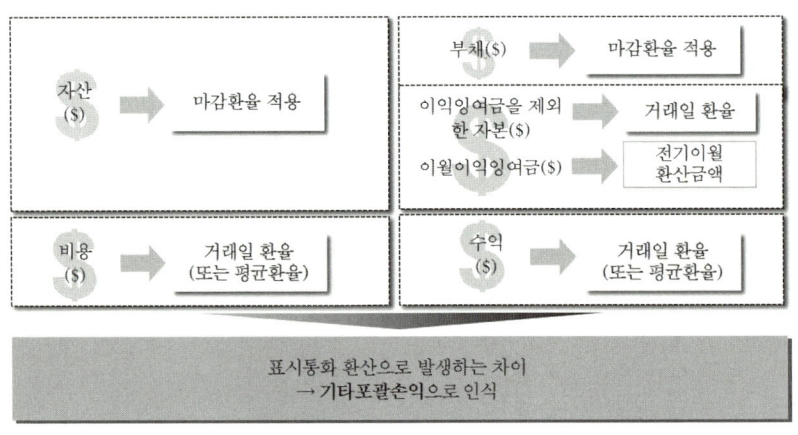

화폐성 항목여부에 따라 달라지는 외화의 기능통화환산

외화란 회계장부를 작성하는 기능통화 이외의 다른 통화를 의미한다. 외화거래는 거래발생 시 거래일의 환율을 이용, 기능통화로 환산해 회계장부에 계상한

▶ 재무제표환산 사례

■ 7월1일 1$를 차입하여 비용으로 지출한 경우

| 기능통화는 달러화 표시통화 원화 | 기능통화와 표시통화가 모두 원화 |

7월1일 차입시 (1$ = 1,000₩)

| 차)비용 | 1$ | 대)차입금 | 1$ |

12월31일 기말결산시 (1$ = 1,300₩)

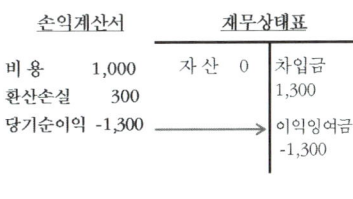

| 차)비용 | 1,000₩ | 대)차입금 | 1,000₩ |
| 차)환산손실 | 300₩ | 대)차입금 | 300₩ |

손익계산서   재무상태표
비 용   1,000   자산 0   차입금
                              1,300
당기순이익 -1,000 ──▶ 이익잉여금
                              -1,000
                          기타포괄손익
                              -300

손익계산서   재무상태표
비 용   1,000   자산 0   차입금
환산손실   300   1,300
당기순이익 -1,300 ──▶ 이익잉여금
                              -1,300

 기능통화를 달러로 하는 경우 원화로 재무제표를 변경하면서 발생한 차이 300을 기타포괄손익으로 처리하게 된다.

다. 그리고 기말 결산 시 기말 잔액이 남아 있는 자산부채에 대해서는 화폐성 혹은 비화폐성 항목인지 여부에 따라 적절한 기말환율로 환산하게 된다.

화폐성 항목이란 현금·매출채권과 같이 미래에 화폐를 이용한 거래가 발생할 항목을 의미하고 비화폐성 항목은 선급금·유형자산과 같이 미래에 화폐거래를 발생시키지 않는 항목을 의미한다.

기말 결산 시 화폐성 외화항목은 기말환율로 환산하고 환산손익을 당기손익으로 인식한다. 반면 비화폐성 외화항목은 거래일을 기준으로 환율을 적용하게 되어 있어 기말에 환산할 필요가 없다. 다만 비화폐성 항목 중에서 공정가치로 평가하는 자산·부채는 공정가치를 평가한 날의 환율을 사용해 환산하도록 했다. 이는 환율변동으로 인한 변화를 공정가치 변동의 일부로 본다는 의미이다. 따라서 환율변동으로 인한 환산손익도 공정가치로 평가하는 항목의 평가손익을 손익으로 인식하는지 아니면 기타포괄손익으로 인식하는지 여부에 따라 회계처리하도록 했다.

정리해 보면 회계장부 작성 시 기능통화가 아닌 외화거래는 거래 시 기능통화로 환산해 표시하고, 기말 외화 자산·부채 잔액은 화폐성 항목인지 여부 등에 따라 환산해 관련손익을 당기손익 등으로 인식한다. 그리고 이렇게 기능통화로 표시된 회계장부는 재무제표를 만들면서 표시통화로 환산하게 된다. 이때 환산손익은 기타포괄손익으로 인식한다.

외화거래를 회계장부로 기록할 때 잔액이 있는 항목을 기말에 환산하면서 발생한 차이는 당기손익 등으로 인식한다. 미국달러 거래가 많은 경우 기능통화를 달러로 하면 손익계산서에 인식하던 외환손익이 기타포괄손익으로 가게 되는 효과가 있을 것이다.

▶ 외화(기능통화가 아닌 항목)를 기능통화로 환산하는 프로세스

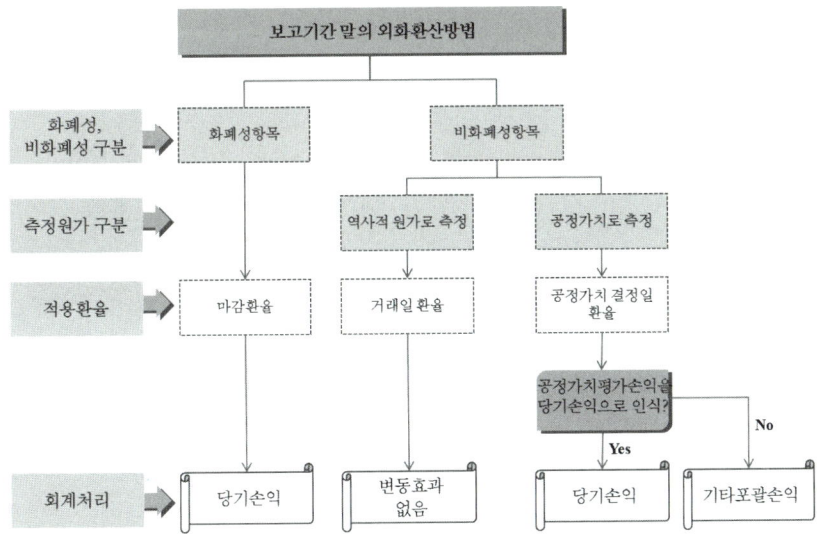

▶ 외화거래의 재무제표반영 프로세스

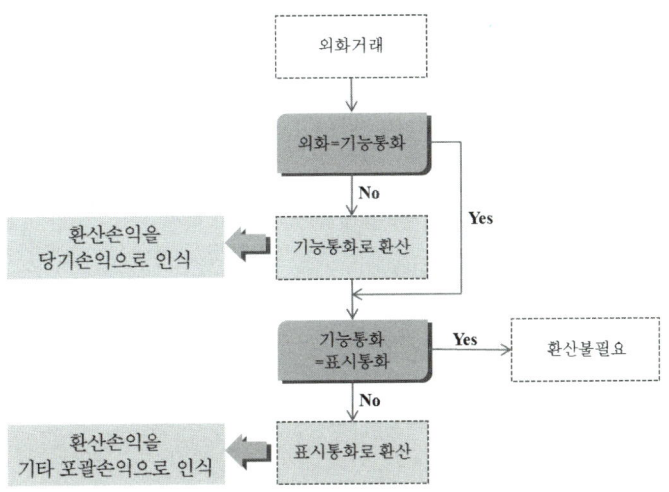

Chapter 29
건설계약의 수익인식, 무엇이 변할까

아파트 자체 분양공사는 인도시점에 수익을 인식한다

일반적으로 건설용역은 도로건설, 기계장치의 주문생산 등으로 공사기간이 오래 걸리고 계약금액 등 총수익이 확정되어 있다. 그러므로 공사완료 후 수익을 인식하는 것이 아니라 공사기간 중 합리적 진행 정도에 따라 수익을 인식한다. 이는 공사완료 전이라도 실제로 수익금액이 확정돼 있고 공사용역을 제공하므로 수익인식기준을 충족한다고 보기 때문이다.

그런데 건설용역이란 무엇일까? 아파트를 분양해 공급하는 것을 건설이라고 볼 수 있을까? 건설용역은 건설회사에서 공급하는 것을 의미하는 것인가?

국제회계기준에서 건설공사는 단일자산이나 밀접하게 상호연관되거나 상호의존적인 복수자산을 건설하는 것으로 구매자가 주요 설계에 대해서 지정할 수 있는 것을 의미한다. 자동차회사의 경우 구매자가 각종 옵션에 대해 계약 시 설계를 지정하고 있으나 이는 일부 편의사항에 대한 것으로 주요 설계를 지정하는 것이 아니다. 그리고 국방부에 방독면을 대량 납품하는 경우 주문자의 요구에 의한 물건을 납품하는 것이나 상호의존적인 복수의 물건이 아니기 때문에 건설의 정의에 부합하지 않는다.

그렇다면 아파트 분양공사는 어떠할까?

건설회사가 자체 분양사업을 하는 경우 구매자는 일부 옵션을 지정할 수 있으나 주요 설계에 참여할 수 없다. 또한 기능상 연관되어 있지 않은 다수의 세대를 공급하므로 일반 자동차의 판매와 동일하다고 보아 아파트를 구매자에게 인도하는 시점에 수익을 인식한다. 물론 시행사 등이 설계한 대로 단순히 건설만 해주는 경우 구매자의 설계대로 '아파트'라는 집합자산의 건설로 보아 진행율에 따라 수익을 인식한다.

아파트 자체 분양공사의 경우 공사기간이 아닌 인도시점에 수익을 인식하면 공사기간 중 발생한 공사원가는 재고자산으로, 그리고 분양자로부터 받은 계약금 및 중도금은 선수금으로 부채계상될 것이다. 또한 공사기간 동안 수익을 인식 못하므로 매출의 변동성이 증가될 것으로 예상된다.

▶ 건설계약의 종류

건설계약의 종류	
단일 자산 건설	교량, 건물, 선박 등
복수 자산 건설	정제시설, 기타 복합생산설비의 건설 등(상호 연관된 자산집합)
부동산 건설을 위한 계약으로 구매자가 공사 시작 전 설계의 주요 구조적 요소를 지정하거나 진행 중 중요한 구조적 변경을 지정할 수 있는 계약	

▶ 진행기준과 인도기준의 수익인식 차이

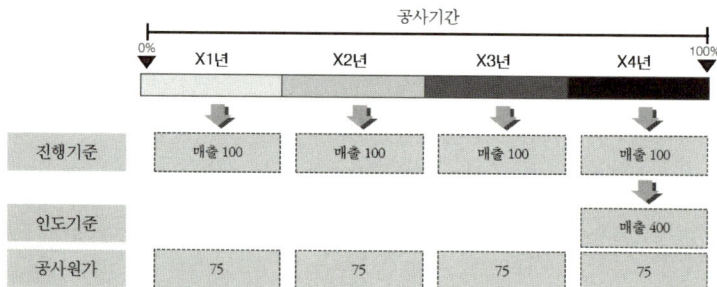

X3년 F/S

진행기준

손익계산서		재무상태표			
매출	100	매출채권	100	선수금	0
매출원가	75				

인도기준

손익계산서		재무상태표			
매출	0	재고자산	225	선수금	200
매출원가	0				

X4년 F/S

진행기준

손익계산서		재무상태표			
매출	100	매출채권	0	선수금	0
매출원가	75				

인도기준

손익계산서		재무상태표			
매출	400	재고자산	0	선수금	0
매출원가	300				

X3년도까지 중도금 등은 200이고 인도시점에 잔금은 모두 회수됨.

▶ **일반적인 도급공사와 분양공사의 수익인식**

구 분	국제회계기준	기존 K Gaap
자체분양사업	인도기준	진행기준
도급공사	진행기준	진행기준

공사미수금은 청구분과 미청구분으로 구분한다

건설공사에 대한 수익은 일반적으로 공사진행율에 따라 인식한다. 그런데 공사진행율은 건설사 등의 내부결산과정에서 산출된 것으로 발주자와 합의해 결정하는 것이 아니다.

따라서 공사대금의 청구는 수익인식금액과 별도로 사전에 약속한 기준에 따라 이루어진다. 진행율에 따라 수익을 인식하면 발주자에게 대금청구를 하지 않은 채로 건설사 등만 매출채권으로 인식하는 채권이 발생하게 되는 것이다.

건설공사에 대한 매출채권은 거래처에 청구되고 일부 청구되지 않은 부분이 존재하게 되는데 과거 기업회계기준에서는 이를 주석에만 구분하여 표시했다.

국제회계기준에서는 **청구된 채권과 미청구된 채권을 재무상태표에서 구분해 표시하도록** 하고 있다. 수익인식 금액 중 발주처에 청구되었으나 아직 대금을 수령하지 못한 것을 '청구공사' (실무상 '공사미수금'이라고도 한다)라고 하며, 수익은 인식되었으나 청구가 이루어지지 않은 것을 '미청구공사'라고 한다. 그런데 수익인식금액보다 대금청구가 많이 이루어졌다면 이는 '초과청구공사'로 부채에 계상하게 된다.

건설공사 중에는 계약 시에는 이익이 발생할 것으로 예상되었으나 공사기간 중 원가상승 등으로 인해 총공사원가가 총계약금액보다 커져서 손실이 예상되는 경우가 있다. 이러한 경우 예상손실금액은 공사원가로 처리하고 이를 '미청구공사' 혹은 '초과청구공사'에서 조정하게 된다.

▶ **공사미수금의 구분**

구분		설명	비고
자산	청구공사	발주자와 사전합의에 따라 청구한 금액 중 미회수 금액	
자산	미청구공사	발주자에 대금청구를 하지 아니하였으나 공사진행율에 의하여 인식한 매출(공사미수금)	누적공사수익 − 누적대금청구액
부채	초과청구공사	공사진행율에 의하여 인식한 매출(공사미수금)을 초과하여 발주자에 대금청구가 이루어진 금액	누적대금청구액 − 누적공사수익

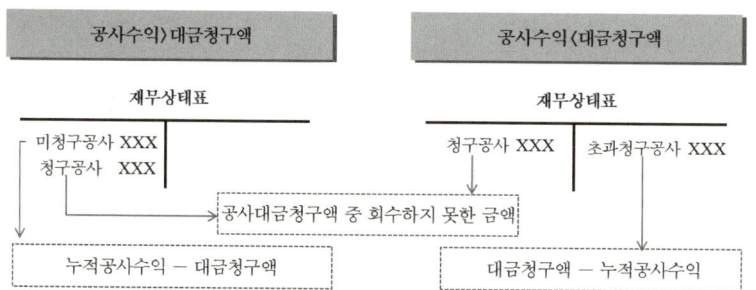

기존 기업회계기준에서는 예상손실금액을 '공사손실충당금'이라는 부채계정을 사용해 처리했으나, 국제회계기준은 직접 해당공사의 채권 등에서 조정하도록 하고 있다.

미청구 혹은 초과청구공사금액의 조정은 공사별로 조정하고 다른 공사의 미청구공사 등과 상계해 조정하지 않는다. 예를 들어 A공사에서는 미청구가 발생하고 B공사에서는 초과청구가 발생해도 이를 상계해 표시하지 않는다.

▶ 국제회계기준에 따른 청구공사의 재무제표 표시

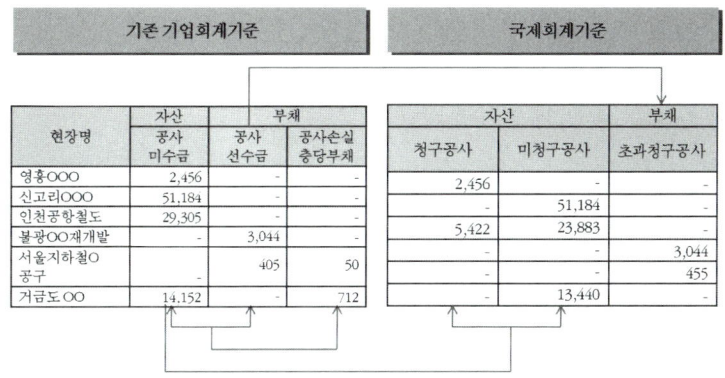

Chapter 30
고객충성제도의 수익인식을 알아보자

마일리지는 매출을 감소시킨다

고객충성제도(Customer Loyalty Program)란 고객에게 인센티브를 제공하기 위해 고객에게 보상점수를 부여하고, 고객은 이를 사용해 재화 등을 무상 또는 할인된 가격으로 구매할 수 있도록 하는 마케팅기법 중 하나이다. 신용카드를 사용할 때 사용금액에 따라 지급되는 마일리지나 커피전문점에서 커피 10잔을 구매하면 커피 1잔을 무료로 제공해 주는 것 등이 모두 고객충성제도에 해당한다.

기존 기업회계기준은 이러한 포인트 부여 등을 마케팅 일환으로 보아 고객충성제도로 인해 지출될 향후 비용을 판매관리비와 마일리지충당금과 같은 충당부채로 인식하도록 하였다. 그러나 국제회계기준은 매출자체를 본 거래에 따른 매출과 포인트 등을 판매하는 매출이 합쳐진 것으로 본다. 즉, 소비자가 3,000

원하는 커피를 1잔 구매하면 그 가격에는 커피 한 잔의 가격과 더불어 10장을 모으면 커피 1잔을 구매할 수 있는 쿠폰의 가격이 포함되어 있는 것으로 본다.

따라서 3,000원 중 커피 1잔에 해당되는 매출은 판매시점에 인식하나 쿠폰의 판매에 따른 매출은 현재 커피를 판매하는 시점에 인식하는 것이 아니라 당 쿠폰이 사용되는 시점에 수익을 인식해야 할 것이다. 해당 쿠폰 등이 사용되기 전까지 쿠폰의 판매금액은 이연수익이라는 부채로 인식해야 하는 것이다.

신용카드의 포인트는 가습기 등의 소형가전을 구매하는 데 사용하거나 주유소의 기름을 구입하는 데 사용할 수 있는데, 이 경우 포인트의 사용으로 지급되는 재화는 신용카드사가 아닌 제3자가 제공하게 된다. 이후 이연수익으로 인식한 신용카드 포인트에 대한 매출을 인식할 때 포인트 매출에 대한 책임을 누가 지느냐에 따라 포인트 매출 전액을 인식할지 아니면 판매마진에 해당되는 금액만 인식할지가 결정된다.

신용카드사의 경우 주유소 기름을 제공하는 포인트는 기름에 대한 책임을 신용카드사가 부담하지 않으므로 기름의 시가와 주유소에 지급하는 원가의 차이만 매출로 인식될 것이다.

▶ 커피 판매의 매출인식

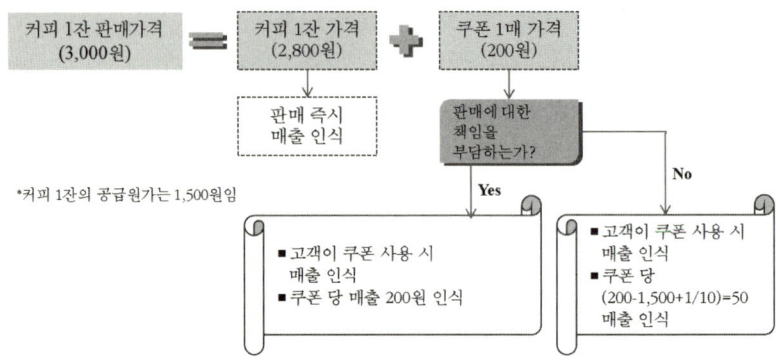

 커피 한 잔의 가격에는 커피값뿐만 아니라 쿠폰 가격도 포함된 것이다. 결국 쿠폰 10매를 모아와도 공짜로 주는 것이 아닌 셈이다.

▶ 회계기준에 따른 고객충성제도의 회계처리

구분	국제회계기준	기존 회계처리 기준
최초 매출 시 포인트의 처리	매출차감	판매관리비
포인트 부채의 인식	이연부채로 인식, 추후 매출로 대체	마일리지 충당금으로 부채로 인식, 추후 제공자산과 상계
부채 인식금액 (포인트 인식금액)	마일리지의 공정가치(제공자산의 공정가치 반영)	제공자산의 취득원가
포인트 실행시 처리	포인트 매출 인식(이연부채와 상계) 단, 주된 사업자 여부에 따라 총액 또는 순액인식	매출 인식 없음(제공자산과 충당부채와 상계)

Chapter 31
사업결합의 회계처리, 어떻게 달라지는가

거래 상대방에게 지급한 것만 지급대가에 해당된다

사업결합이란 한 회사가 다른 회사에 대한 지배력을 갖게 되는 거래나 사건을 의미하는 것으로, 일반적으로 인수 및 합병의 형태로 나타난다. 인수란 해당 기업의 법적실체는 존재한 상태로 실질적으로 지배력을 획득하는 것을 말하며, 합병이란 해당 기업을 법적으로 자신의 회사와 결합하는 것을 의미한다.

사업결합은 다른 회사가 가지고 있는 자산집합을 실질적으로 구매하는 것이므로 구매하는 자산의 공정가치와 지급한 대가의 차이를 비교해 초과지급한 것을 '영업권', 미달 지급한 것을 '염가구매차익'이라고 한다.

무형자산에서 살펴본 것과 같이 경영권 프리미엄으로 지급한 대가라는 의미를 가지고 있는 영업권은 비한정 내용연수를 지닌 무형자산으로 보아 상각하지 않고 손상평가한다. 반면 명백히 자산가치보다 싸게 물건을 산 것은 당기에 발생한 사건이므로 염가매수차익은 즉시 당기이익으로 인식한다.

이때 지급하는 대가의 범위를 어떻게 규정하느냐에 따라 영업권 등의 가액이 달라지게 되는데 국제회계기준은 명백히 해당자산을 판매한 양도자에게 지급한 것만 이전대가라고 정의하고 있다. 즉, 사업결합에서 발생되는 취득세 및 등록세, 법률 및 회계 자문수수료, 시장조사비용 등은 양도자에게 지급되는 것이 아니므로 이전대가로 보지 않는다.

반면 기존 기업회계기준에서는 일반적으로 사업결합을 위해 지급된 직·간접비용을 모두 취득비용으로 간주했다.

국제회계기준에는 동일 연결실체 내의 기업 간 합병 등의 사업결합에 대해서는 회계처리를 규정하지 않고 있다. 따라서 기업마다 경제적 실질에 맞게 처리하면 된다. 일반적으로 동일 지배기업 하에 있는 기업 간 사업결합은 인수자산을 공정가치가 아닌 장부가액으로 인식한다. 그리고 지급대가와 차이는 영업권으로 인식하지 않으며 자본항목으로 반영한다. 이는 동일기업 간 사업결합은 거래의 발생으로 보지 않는다는 의미이다.

▶ 기업의 성장과 사업결합

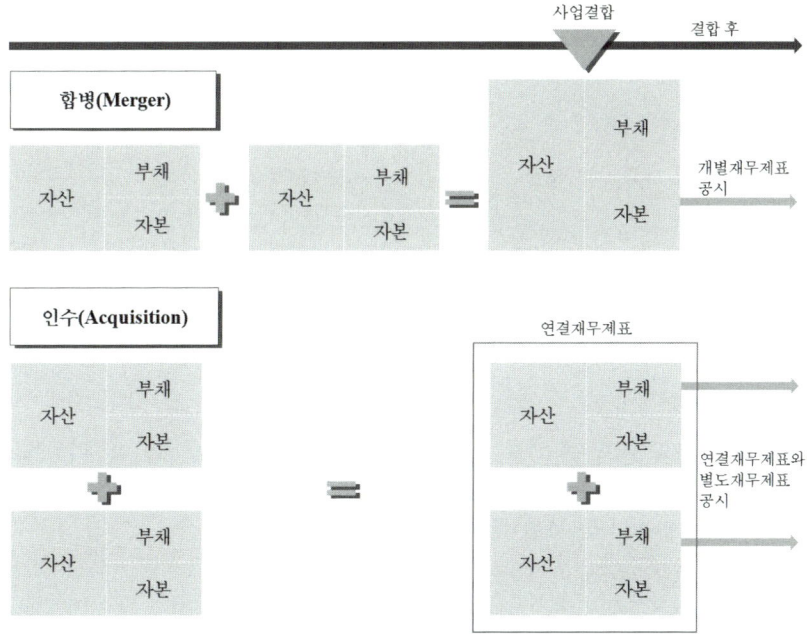

*합병과 인수는 사업결합의 형태로서 연결회계처리와 최초취득시의 합병회계처리는 동일하게 수행됨

▶ 영업권과 염가매수차익의 개념 및 회계처리

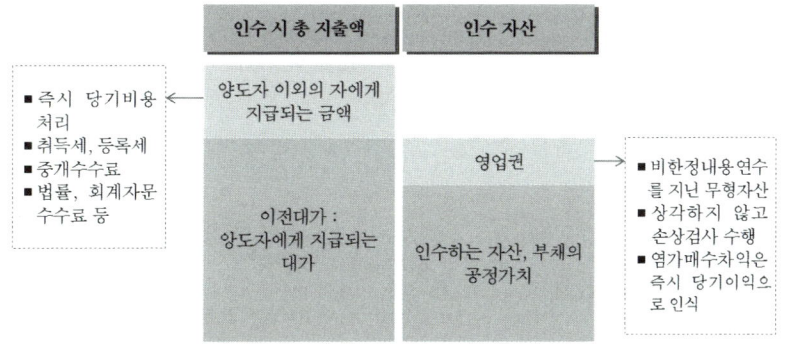

확보하지 못한 지분에 대해서도 영업권을 인식한다

앞서 살펴본 바와 같이 사업결합에서 영업권이란 취득한 자산의 공정가치를 초과해 양도자에게 지급한 대가를 의미한다. 반드시 해당 기업의 지분을 100% 취득할 때만 사업결합이 발생했다고 보지는 않으며, 50%를 초과해서 영향력을 행사할 수 있으면 사업결합이 발생했다고 본다.

그렇다면 사업결합에서 발생하는 영업권(혹은 염가매수차익)은 내가 취득한 부분에 대해서만 인식하는 것일까? 기존 기업회계기준에서는 취득한 지분에 대한 영업권만 인식해 왔다. 그런데 국제회계기준에서는 영업권을 취득한 지분에 대해서만이 아니라 취득하지 못한 부분에 대해서도, 즉 인수기업 전체에 대해 영업권을 인식할 수 있다.

영업권 및 염가매수차익은 다음과 같은 방법 중 하나를 선택해 적용해야 한다. 기업이 선택한 회계원칙은 매기 일관성 있게 계속 적용할 필요가 있다.

1) 취득부분에 대해서 인식하는 경우(인수자의 영업권)

| 영업권(부의 영업권) | = | 취득지분의 이전대가 | − | 취득자산의 공정가치 |

- 취득지분의 이전대가 : 취득지분에 대하여 인수자가 지급한 대가
- 취득자산의 공정가치 : 취득한 기업의 총자산의 공정가치 중 인수자가 취득한 부분

2) 미취득부분에 대해서도 인식하는 경우(인수된 기업전체의 영업권)

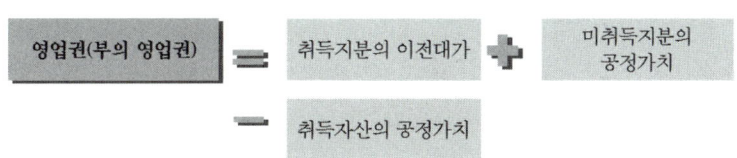

- 취득지분의 이전대가 : 취득지분에 대하여 인수자가 지급한 대가
- 미취득자산의 공정가치 : 미취득지분을 추가 취득하는 경우에 소요되는 대가
- 취득자산의 공정가치 : 취득한 기업의 총자산의 공정가치

▶ 영업권 인식범위

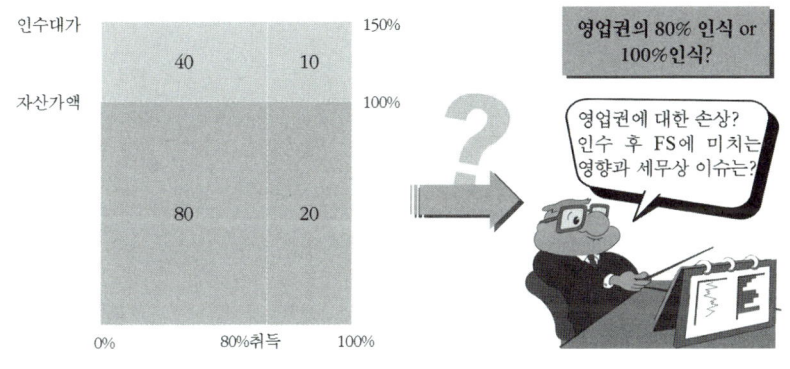

자산가액 100인 기업의 80%를 취득하면서 120의 대가를 지급하는 경우 영업권가액은 다음과 같이 계산할 수 있다.

1) 취득분에 대해서만 인식하는 경우
[비지배지분을 피취득자의 식별가능한 순자산 중 비지배지분의 비례적 지분으로 측정]
영업권 = [이전대가(120) + 미취득지분(100 × 20%)] - 자산가액 (100)
  = 이전대가(120) - 자산가액 중 취득분(100 × 80%)
  = 40

2) 기업전체에 대해 영업권을 인식하는 경우[비지배지분을 공정가치로 측정]
영업권 = [이전대가(120) + 미취득지분의 공정가치(30)] - 자산가액 (100)
  = 50

즉, 내가 취득한 부분에 대해서만 영업권을 인식할 수도 있지만 인수한 기업전체에 대해서도 영업권으로 인식할 수 있다.

Chapter 32

투자분석에는 영업부문공시를 적극 활용하라

개별사업에 대한 정보를 확인한다

일반적으로 연결재무제표에는 지배회사와 종속회사의 다양한 사업에 대한 재무정보가 포함되어 있는데 여러 재무정보가 합산되어 나타나므로 개별사업에 대한 정보를 확인하기가 힘들다.

국제회계기준에서는 영업부분별로 구체적인 재무정보를 주석에서 제공, 정보이용자들의 의사결정에 유용한 정보를 제공하고 있다. 따라서 정보이용자들은 부분별 정보를 분석해 경쟁기업과 비교했을 때 강점과 약점인 사업부분에 대한 정보를 확인할 수 있을 것이다.

영업부문이란 수익을 창출하고 비용을 발생시키는 사업단위로서 기업의 경영진이 의사결정을 하고 성과를 측정하는 사업단위를 말한다. 국제회계기준은 이러한 영업부문별로 매출, 당기순이익, 자산·부채금액 및 기타 주요한 손익항목에 대해 주석에 공시하게끔 하고 있다. 내부거래 등으로 실제 내부에서 보고되는 내용은 공시되는 재무제표와 차이가 있게 마련인데, 공시되는 내용은 내부에서 보고되는 수치를 사용하도록 하고 있으며 반드시 재무제표 등과 일치하지 않는다.

영업부문별 공시의 활용

영업부문에 대한 정보뿐만 아니라 기업전체적으로도 지역별 수익과 비유동자산의 내용, 총수익의 10% 이상이 발생하는 주요 고객에 대한 정보도 공시하도록 했다. 많은 기업들이 국내뿐 아니라 전 지구촌을 대상으로 사업을 하는 경우가 많으므로 이러한 정보를 이용해 각 지역별 성과 등을 파악함으로써 미래 경영성과를 예측할 수 있을 것이다.

▶ **영업부문 등에 대한 공시**

영업부문
- 수익을 창출하고 비용을 발생시키는 사업단위
- 부문별 수익비용, 단기순이익, 자산부채에 대한 정보 제공
- 최고의사결정자에게 보고되는 내부적 관리기준으로 공시

기업전체수준 공시
- 제품과 용역에 대한 정보
- 지역별(본사소재지국가 및 해외) 수익 및 비유동자산 금액
- 수익의 10% 초과하는 고객에 대한 수익 및 부문

▶ 영업부문공시 사례

(1) 회사의 영업부문별 자산 및 부채의 내역은 다음과 같습니다.

2010년 12월 31일 (단위 : 원)

구 분	건폐 중간처리	소각 중간처리	매립 최종처리	조정 및 제거	합 계
부문별 자산	156,064,421,384	32,256,960,909	22,889,022,760	-1,156,154,431	210,054,250,622
종속기업투자	25,088,867,290	-	-	-	25,088,867,290
부문별 자산계	181,153,288,674	32,256,960,909	22,889,022,760	-1,156,154,431	235,143,117,912
부문별 부채	70,261,247,834	2,628,228,028	8,501,379,885	-1,156,154,431	80,234,701,316

(2) 영업부문별 손익에 대한 정보

2010년 12월 31일 (단위 : 원)

구 분	건폐 중간처리	소각 중간처리	매립 최종처리	조정 및 제거	합 계
매출액	56,726,010,145	10,499,448,023	2,012,852,905	-1,313,147,372	67,925,163,701
외부거래	56,321,510,145	9,590,800,651	2,012,852,905	-	67,925,163,701
내부거래	404,500,000	908,647,372	-	-1,313,147,372	-
매출원가	41,103,303,006	6,856,854,026	2,179,271,120	-1,313,147,372	48,826,280,780
외부거래	40,194,655,634	6,452,354,026	2,179,271,120	-	48,826,280,780
내부거래	908,647,372	404,500,000	-	-1,313,147,372	-
판매비와 관리비	13,981,814,710	1,038,927,752	987,619,557	-65,831,570	15,942,530,449
외부거래	13,945,816,030	1,009,094,862	987,619,557	-	15,942,530,449
내부거래	35,998,680	29,832,890	-	65,831,570	-
영업이익(손실)	1,640,892,429	2,603,666,245	-1,154,037,772	65,831,570	3,156,352,472
당기순이익(손실)	-2,909,189,529	1,802,527,258	-1,501,278,718	-	-2,607,940,989
주요손익					
유무형자산상각비	3,742,374,952	1,352,349,566	470,645,403	-	5,565,369,921
이자수익	577,297,744	9,035,916	11,675,320	-	598,008,980
이자비용	2,099,010,364	442,150,910	211,591,460	-	2,752,752,734
유형자산처분이익	15,291,145	7,162,985	-	-	22,454,130
유형자산손상차손	-	-	148,906,000	-	148,906,000
기타의대손상각비	1,906,417,769	-	-	-	1,906,417,769
추정복구공사손실	-	-	117,800,000	-	117,800,000
기타영업외비용	1,440,167,591	-	292,138,500	-	1,732,306,091
법인세비용(수익)	-309,292,944	376,444,020	-338,018,215	-	-270,867,139

Chapter 33

재고자산 단가산정에 생기는 변화는?

후입선출법은 사용할 수 없다

기업이 판매목적으로 보유하는 재고자산은 성격상 구입 혹은 생산과 판매거래가 빈번히 발생한다. 구매할 때마다 가격이 조금씩 변하므로 창고에 보유하고 있는 재고가 언제 그리고 얼마에 구입한 것인지 확인하기란 쉽지 않을 것이다. 따라서 기업은 어느 것이 먼저 판매되는지 가정해 재고자산 단가를 산정하는데 통상 평균법, 선입선출법, 후입선출법의 가정을 사용한다.

국제회계기준은 이러한 가정 중 나중에 구매한 것이 먼저 판매된다는 **후입선출법을 사용할 수 없게 규정**했다. 이는 후입선출법을 사용할 경우 기말 재무상태표의 재고자산이 오래 전에 구입한 가격으로 표시되어 자산을 공정가치로 표시하고자 한 원칙과 부합하지 않기 때문이다.

실제로 일부 정유사 등이 후입선출법을 이용해 원유 등 재고자산금액을 표시했었는데 일부 재고자산은 아주 오래 전 구입금액으로 표시되고 있었다. 국제원유가격이 지속적으로 상승하고 있는 상황을 보면 이러한 재고자산금액은 적절하다고 판단할 수 없다. 이러한 재고자산의 과소계상으로 인해 당기순이익이 적게 인식되었을 것이다.

정유사 등과 같이 후입선출법을 적용하던 기업이 재고자산의 단가산정에 대한 가정을 선입선출법 혹은 평균법으로 변경하면, 재고자산의 금액이 증가하고 그만큼 이익이 증가하게 된다.

▶ **재고자산의 단가산정에 대한 가정**

구분	매출원가	재고자산
선입선출법(FIFO)	먼저 구입한 것을 먼저 판매하였다고 가정	최근 구입가격으로 재고자산 표시
평균법(AVG)	판매된 재고의 구입단가는 평균가격으로 구매되었다고 가정	평균 구입가격으로 재고자산 표시
후입선출법(LIFO)	나중에 구입한 것을 먼저 판매하였다고 가정	과거 구입가격으로 재고자산 표시

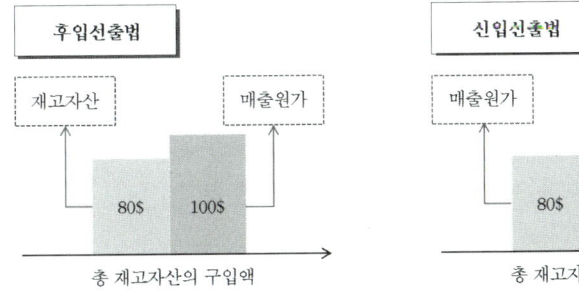

▶ 재고자산 단가산정가정 변화의 영향분석

(단위 : 백만 원)

구 분	2009년		
	평균법	차이금액	후입선출법
재고자산	3,480,791	623,689	2,857,102
법인세증가분		(-)137,211	
이익잉여금	4,482,484	486,478	3,996,006
당기순이익	652,802	242,760	410,042
당기이전 기간의 순이익		243,718	

GS칼텍스가 2009년 후입선출법에서 평균법으로 변경함에 따라 재고자산은 6,237억 원 증가하였다. 이는 법인세의 증가를 고려하였을 때 당기와 당기이전에 각각 총 2,428억 원과 2,437억 원의 이익을 증가시킨 것이다.

IFRS 도입에 따른 회계변경과 오류수정

중요한 오류는 과거 재무제표를 수정한다

기업에서 회계정책을 결정할 때, 투자부동산에 대해 원가모형을 사용하다가 정보이용자들에게 유용한 정보를 제공하기 위해 공정가치모형을 적용하기로 회계원칙을 변경하는 경우가 있다. 이렇게 과거에 올바른 회계처리를 하다가 새로운 정책을 채택하는 '회계정책의 변경'이 이루어지면 과거의 회계처리기준이 새로 채택한 기준이었던 것처럼 해서 과거 재무제표를 재작성한다.

반면 과거에는 유형자산의 감가상각 내용연수가 10년이라고 판단했는데 현재시점에서는 가동률 등을 고려해 내용연수 5년이 적합하다고 판단할 수도 있다. 이렇게 추가정보 등이 입수된 결과, 과거에 추정한 내용들이 변경되는 '회계추정의 변경'은 과거재무제표를 수정하지 않고 이후의 회계처리에 대해서만 변경사항을 적용한다.

과거 재고자산에 대한 수량파악을 잘못해 실제보다 더 많이 재고자산금액을 인식한 사항을 당기 중에 발견하게 된 경우처럼 과거 재무제표의 오류를 현재 발견하여 수정하는 것을 '오류수정'이라고 한다. 재무제표 신뢰성을 위해서 중요하지 않은 오류사항은 당기에만 반영하면 되나 만약 해당 오류가 중요하다면 과거 재무제표의 오류를 소급해 수정해야 한다.

기존의 기업회계기준은 신뢰성을 중시해 아주 중대한 오류가 아니면 당기사항으로 처리하였다. 그러나 국제회계기준은 중요한 금액 이상이면 소급해 적용하도록 하고 있다. 따라서 과거에 비해 재무제표가 오류로 인해 재무제표를 소급하는 경우가 많이 발생할 것이다.

▶ **회계정책의 변경, 회계추정의 변경, 오류수정**

구분	재무제표 반영
회계정책의 변경	과거부터 변경된 회계원칙이 적용된 것처럼 과거 재무제표에 수정사항 반영
회계추정의 변경	과거 회계추정은 올바른 사항이었고 추가 정보에 의하여 변경된 것이므로 이후 회계처리에만 반영
오류수정	중요한 오류는 과거 재무제표에 오류사항을 수정
	중요하지 않은 오류는 당기 재무제표에 수정 반영

 중요하지 않은 오류사항을 제외한 중요한 오류는 과거 재무제표를 수정한다. 기존 기업회계기준보다 오류사항에 대해 과거 재무제표를 작성해야 하는 경우가 늘어나므로 틀리지 않도록 주의할 필요가 있다.

Chapter 35
과거 회계기준을 모두 소급처리해야만 할까

국제회계기준을 처음 적용할 때의 예외사항

국제회계기준을 도입하면 원칙적으로 과거의 회계처리사항 일체를 소급적으로 국제회계기준에 맞춰 변환해야 한다. 재무제표의 모든 수치가 동일한 기준으로 작성돼야지만 당기와 전기의 재무제표를 비교해 분석하는 것이 의미가 있기 때문이다.

그러나 현실적으로 모든 사항에 대해서 과거부터의 회계기준을 변경하기란 쉽지 않다. 예를 들어 과거 어음을 할인한 것이 국제회계기준에 부합되는 매각거래인지 차입거래인지 파악해 소급처리하기란 불가능하다. 때문에 몇몇 사항은 소급적용하지 않도록 했다.

토지를 기존 기업회계기준에 따라 재평가하는데, 국제회계기준을 도입함에 따라 원가모형을 적용할 경우 토지의 최초 취득가액을 알아야 할 것이다. 그런데 오래 전 거래라면 취득가액을 파악하기 쉽지 않을 수 있다. 따라서 국제회계기준을 처음 도입하는 경우 현실적인 애로점을 반영, 몇 가지 항목에 대해 기업이 과거부터 수정할 것인지 아니면 예외규정에 따라 회계처리할 것인지 선택하도록 하고 있다.

의무적으로 소급하지 않는 사항은 별 문제가 없을 것이나 기업이 자율적으로 선택할 수 있는 사항은 기업마다 선택사항이 다를 것이다. 그러므로 국제회계기준을 처음 도입한 기업의 재무제표를 분석할 때는 선택사항 중 어떠한 방법을 채택했는지 파악하고, 그로 인한 재무영향을 고려해야 한다.

Check Point

처음 국제회계기준을 도입하는 경우 모든 사항을 예전부터 적용한 것처럼 변환하기는 힘들다. 몇몇 사항은 선택에 따라 과거 회계장부를 수정하지 않아도 되므로 회사마다 선택사항을 잘 확인해봐야 한다.

▶ 선택에 따라 소급하지 않을 수 있는 주요 항목

구분	선택사항
사업결합기준	적용시기를 소급할지, 이후 사업결합에만 적용할지, 특정일 이후에만 적용할지 선택
유형자산등의 취득금액	전환일의 공정가치, 애초 취득가액, 기존 장부금액 중 선택
누적 외화환산차이	소급적용 혹은 0원 중 선택
금융상품의 분류	최초 도입 시 금융상품의 재분류 가능
차입원가 (금융비용자본화)	적용시기를 소급할지, 이후 취득자산에만 적용할지, 특정일 이후에만 적용할지 선택
지분법 주식	취득금액을 전환일의 공정가치, 애초 취득가액, 기존 장부금액 중 선택

▶ 의무적으로 소급하지 않는 주요 항목

구분	소급하지 않는 항목
금융자산 등 매각여부	과거 금융자산 등의 매각이 국제회계기준에 부합하였는지 여부
추정항목	과거의 추정치는 국제회계기준에 부합한다고 가정

Check Point

유형자산의 경우 국제회계기준 전환시 취득가액을 ① 최초 취득가액, ② 전환 시의 공정가액, ③ 과거 재평가금액 중 선택할 수 있다. 이후 원가모형 또는 재평가모형 중 하나를 선택한다. 즉, 전환일에 공정가치로 평가한 후 이후 원가모형을 선택할 수 있는 것이다.

PART 5

IFRS재무제표를 분석해보자

International

Financial

Reporting

Standards

Chapter 36
분석대상 재무제표의 종류를 확인하자

상장기업의 재무제표와 비상장기업의 재무제표는 비교대상이 아니다

2011년부터 원칙적으로 상장법인은 국제회계기준을 적용한 재무제표를 공시하고 비상장법인 등은 일반기업회계기준을 적용한 재무제표를 공시한다. 즉, 2011년부터 대한민국은 이원화된 회계기준체계를 사용하게 된다.

그런데 두 회계기준은 기본적으로 같은 성격을 가지고 있지 않다. 수익인식기준, 영업이익에 대한 개념, 지분법손익에 대한 인식여부, 재무제표 체계 등에서 차이가 많이 나기도 하는 것이다. 예를 들어 유형자산에 대한 처분손익의 경우 일반기업회계기준에서는 영업외손익으로 인식하나 일반적으로 국제회계기준에서는 영업손익으로 인식한다. 따라서 서로 다른 기준으로 작성된 재무제표를 일률적으로 비교분석하는 것은 의미가 없을 수 있다.

예를 들어 2009년 하이마트의 국제회계기준을 적용한 별도재무제표 그리고 일반기업회계기준과 유사한 기존 기업회계기준에 따라 작성된 재무제표를 비교해 보자. 재무비율을 비교해 보면 매출액은 큰 차이를 보이지 않으나 영업이익 및 당기순이익의 차이가 약 1천억 원 정도 감소했음을 알 수 있다. 심지어 기존 기업회계기준에서는 당기순손실이나, 국제회계기준이 적용되며 당기순이익으로 전환되게 된다. 그리고 부채비율과 유동비율은 큰 차이는 아니지만 소폭 악화되고 있음을 알 수 있다.

이처럼 이원화된 회계기준 하에서는 분석대상의 재무제표가 어떤 기준에 의해 작성되었는지 확인하는 것이 중요하다. 또 상호비교를 위해서는 기준차이를 이해하고 조정해야 할 것이다.

▶ 하이마트의 2009년 기존 기업회계기준과 국제회계기준의 주요 재무비율 차이

(단위 : 백만 원)

2009년	국제회계기준(별도)	기존기업회계기준	차이
매출액	2,662,799	2,672,991	-10,193
매출총이익	657,964	646,353	11,611
영업이익	183,068	73,376	109,692
당기순이익	64,149	-37,176	101,325
매출총이익율	24.7%	24.2%	0.5%
영업이익율	6.9%	2.7%	4.1%
당기순이익율	2.4%	-1.4%	3.8%

2009년	국제회계기준(별도)	기존기업회계기준	차이
유동자산	404,148	404,502	-354
유동부채	454,797	410,565	44,232
부채총계	1,909,488	1,797,933	111,555
자본총계	650,007	660,389	-10,381
유동비율	88.9%	98.5%	-9.7%
부채비율	293.8%	272.3%	21.5%

서로 다른 기준으로 작성된 재무제표를 보고 상호비교하는 것은 의미가 없다. 재무제표에 어떤 기준이 적용되었는지를 반드시 확인해야 한다.

▶ 재무제표의 종류와 보고 재무정보

재무제표 종류		보고재무정보
일반기업 회계기준	개별재무제표	비상장법인의 재무제표, 종속기업의 재무성과를 지분법손익으로 인식
	연결재무제표	비상장법인의 재무제표, 종속기업과 재무제표를 합산
국제 회계기준	개별재무제표	상장법인의 재무제표, 종속기업의 재무성과를 지분법손익으로 인식
	연결재무제표	상장법인의 재무제표, 종속기업과 재무제표를 합산
	별도재무제표	상장법인의 재무제표, 종속기업의 재무성과를 인식하지 않음

연결재무제표와 별도재무제표는 같은 정보를 나타내지 않는다

국제회계기준에 따르면 종속기업이 있는 법인은 연결재무제표와 별도재무제표를 공시해야 하며, 종속기업이 없는 법인은 개별재무제표를 공시해야 한다. 그런데 이러한 재무제표들은 나타내는 정보가 다르므로 우리가 보는 재무제표가 무엇인지 우선 확인해야 할 것이다.

연결재무제표는 지배기업과 종속기업의 재무정보를 나타내는 반면 별도재무제표는 해당기업의 재무상황만 나타내고 종속기업 및 관계기업의 재무상황은 전혀 반영하지 않는다. 그리고 개별재무제표는 종속기업 등의 재무상황을 지분법손익이라는 영업외손익으로 반영한다.

예를 들어 금호석유화학의 2009년 손익계산서를 살펴보면 연결재무제표와 개별재무제표는 유사한 이익수준을 보이고 있다. 이는 대우건설, 금호타이어 같은 종속기업 등의 실적이 연결과 개별재무제표에 반영되었기 때문이다. 반면 별도재무제표에는 이러한 종속기업 등의 실적이 반영되지 않으므로 연결재무제표 및 개별재무제표의 손익과는 많은 차이를 보이게 된다.

국제회계기준은 원칙적으로 연간 재무제표뿐만 아니라 분반기사업보고서를 연결기준으로 작성하도록 하고 있다(물론 별도재무제표도 첨부된다). 그러나 2010년 1월 1일 현재 자산규모 2조 원 미만의 기업인 경우 현실적인 애로점을 고려해 2년간 분반기보고서를 별도재무제표로만 기재하도록 했다.

자산규모 2조 원 미만인 기업의 경우 분반기사업보고서는 별도재무제표로만 공시되나, 연간재무제표는 연결기준으로도 공시된다. 따라서 별도재무제표로 공시되는 분반기보고서의 재무정보를 기말에 연결재무제표와 비교해 분석하면 정보의 왜곡이 발생할 수 있다. 이러한 기업은 분반기실적과 연간실적을 비교해 분석할 때, 연간실적 또한 별도재무제표를 이용해 분석해야 할 것이다.

▶ **금호석유화학의 2009년 재무제표 종류별 손익계산서 항목**

(단위 : 백만 원)

	연결재무제표	별도재무제표	개별재무제표
매출액	6,897,630	2,801,662	2,801,662
영업이익	110,362	116,181	116,181
당기순이익*	-623,569	118,682	-614,839

* 비교가능성을 위하여 연결재무제표의 당기순이익은 지배회사지분만을 표시하였음. 별도재무제표는 실제 작성되지 아니하여 개별재무제표의 손익항목 중 지분법이익과 지분법손실을 조정하여 추정한 수치임.

▶ 자산규모 2조 원 미만 기업의 공시재무제표

구 분		1분기	2분기(반기)	3분기	4분기(연간)
지배기업	매출액	1,000	2,000	3,000	4,000
	당기순이익	50	100	150	200
종속기업	매출액	1,000	2,000	3,000	4,000
	당기순이익	50	100	150	200

공시재무제표		1분기	2분기(반기)	3분기	4분기(연간)
분반기 보고서 (별도재무제표)	매출액	1,000	2,000	3,000	4,000
	당기순이익	50	100	150	200
연간 재무제표 (연결재무제표)	매출액	-	-	-	8,000
	당기순이익	-	-	-	400

위의 표를 통해 알 수 있듯, 분반기보고서는 별도재무제표만 공시되고 연간 재무제표는 연결재무제표와 별도재무제표가 모두 공시된다. 국제회계기준이 연결재무제표를 주된 재무제표로 하고 있다고 해서 분반기보고서를 기말에 연결재무제표와 비교하면 정보의 왜곡이 발생할 수 있으므로 주의가 필요하다.

Check Point

분반기사업보고서를 별도재무제표로 공시하는 경우 연간 재무제표와 비교할 때 주의를 기울여야겠다.

Chapter 37
IFRS 도입영향을 파악하는 방법

국제회계기준의 도입에 따른 영향은 주석에서 파악한다

국제회계기준을 적용하면 기존의 기업회계기준을 적용할 때와 비교해 어떤 차이가 발생할까? 어떤 기업은 기업성과 등이 더 좋게 표시되기도 하지만 어떤 기업은 불리하게 변경되는 등 기업마다 회계기준의 변화가 미치는 영향은 상이할 것이다. 이처럼 국제회계기준이 적용되며 전환일 등에 기업의 자산, 부채 및 당기순이익 등에 미치는 영향은 주석에서 공시된다.

따라서 정보이용자들은 주석을 통해 어떤 중요한 변화가 발생하는지 파악하고 재무제표에 미치는 영향을 고려해야 할 것이다. 회계기준의 변경이 기업의 경제적 실질을 변화시키는 것은 아니므로, 이러한 차이를 이해하지 못하면 기업의 성과에 대해 잘못 이해할 수 있기 때문이다.

예를 들어 국제회계기준이 적용되기 전 전기 재무제표에는 영업손실을 기록했으나 회계기준변경 후에는 당기에 영업이익을 기록하는 경우, 마치 경영성과가 개선된 것으로 오해할 수 있다. 기업실질은 변화가 없는데 기준의 차이로 영업이익이 된 것인지 아니면 실제로 경영성과가 개선되었는지 여부를 확인할 필요가 있다.

▶ 국제회계기준 도입이 하이마트의 2009년 재무제표에 미치는 영향(연결기준)

구 분	자 산	부 채	자 본	총포괄손익
한국채택국제회계기준 이전의 회계기준	2,459,790,675	1,799,401,870	660,388,805	-4,213,814
조정사항:				
계정재분류	563,572	-61,768	625,340	625,340
퇴직급여부채		-453,938	453,938	-2,778,206
토지 및 건물 간주원가 적용	11,942,680	-	11,942,680	-34,957,812
전환사채 및 상환우선주 등의 분류	-	110,030,402	-110,030,402	21,061,263
무형자산(영업권 등)	87,413,561	-	87,413,561	87,413,561
기타(조정사항에 따른 법인세효과 등)	60,076	1,943,465	-1,883,389	-5,993,276
조정액 합계	99,979,889	111,458,161	-11,478,272	65,370,870
한국채택국제회계기준	2,559,770,564	1,910,860,031	648,910,533	61,157,056

국제회계기준 도입으로 기업의 자산 및 손익에 미치는 영향을 주석에서 확인하는 것이 좋겠다.

하이마트의 경우 주석을 통해 확인해 보면, 국제회계기준이 도입되면서 영업권과 유형자산 등에 대한 간주원가(전환일의 공정가치를 취득원가로 간주함)와 상환우선주 등의 분류사항이 재무제표에 큰 영향을 미쳤음을 알 수 있다. 특히 영업권의 상각이 중단되면서 총포괄손익이 약 8,700억 원 증가한 사항이 매우 중요하다.

하이마트는 기존 기업회계기준에 따라 약 370억 원의 당기순손실을 기록했으나 영업권 등으로 인해 당기에는 약 640억 원의 당기순이익을 기록했다. 이처럼 주석에는 각 항목에 대해 회사가 선택한 회계원칙에 대한 설명이 자세히 기재되어 있다.

Chapter 38
기업의 주요 회계정책을 확인하자

기업마다 다른 회계정책을 선택할 수 있다

원칙중심의 국제회계기준은 경제적 실질에 맞게 다양한 회계정책을 선택할 수 있으므로, 기업마다 서로 다른 회계정책을 택할 수 있다. 이러한 회계정책의 차이로 인해 서로 다른 재무성과를 보고하게 되는 경우도 왕왕 발생한다. 따라서 정보이용자들은 일률적인 회계기준이 적용되던 기존의 기업회계기준체계와 달리 반드시 기업이 어떠한 회계정책을 선택했는지 주석에서 확인하고 이로 인한 차이를 고려해야 할 것이다.

예를 들어 STX조선해양은 토지 등의 유형자산에 대해 재평가모형을 선택한 반면, LG전자는 원가모형을 선택했다. 또한 STX팬오션의 경우 기능통화로 미국 달러화가 적용된 반면, LG전자는 한국의 원화를 사용하고 있는 것도 알 수 있다.

▶ 주요 회계정책에 대한 확인사항

구분	주요 확인사항
영업이익	영업이익의 범위 - 외환차이가 영업항목인지 영업외항목인지 여부 등
영업활동 현금흐름	이자수익, 이자비용, 배당금수익으로 인한 현금흐름의 분류 - 영업활동인지 투자 및 재무활동인지 확인
유·무형자산	최초 IFRS 도입 시 간주원가(취득원가, 공정가액) 감가상각내용연수, 감가상각방법 재평가모형, 원가모형 중 선택 비한정내용연수를 지닌 무형자산의 종류 차입원가(금융비용 자본화) 적용
투자부동산	최초 IFRS 도입 시 간주원가(취득원가, 공정가액) 감가상각내용연수, 감가상각방법 공정가치모형, 원가모형 중 선택
지분법주식	별도재무제표 작성 시 취득원가(기존 장부가액, 실제 취득가액)
외화환산	기능통화가 원화 이외의 통화인지 여부 위험회피 회계의 적용 여부
종업원급여	보험수리적손익의 인식방법 (기타포괄손익으로 즉시인식, 체계적방법에 의한 인식)
수익인식	활동별 수익인식기준 - 재화/용역의 판매 - 고객보상제도 등 - 반품/하자보수 관련 수익인식 - 건설업관련 수익 인식
재고자산	표준원가 선택 여부
부채/자본	부채와 자본의 분류 (경제적 실질에 따라 판단되는 분류기준)
영업부문	동일 업종의 영업부분의 단위
사업결합 시 영업권	사업결합 시 영업권 산정 방법 - 지분율 확보분에 대하여 영업권 인식 - 비지배분에 대해서도 영업권 인식

또한 국제회계기준을 처음 적용하는 경우 기존 재무제표항목을 모두 소급해 작성하지 않고 몇몇 대체적인 회계처리를 인정하고 있는데, 이 역시 기업마다 다르게 선택할 수 있다. 그러므로 이러한 차이의 영향도 확인해야 할 것이다. LG전자는 유형자산의 취득원가로 전환일의 공정가액을 선택한 반면, 삼성전기는 과거에 재평가한 금액을 사용한 것이 그러한 예이다.

그렇다면 모든 항목에서 이러한 확인이 필요한 것일까? 국제회계기준이 계정과목별로 많은 선택사항을 두고 있긴 하지만, 실제로 기업 재무재표에 중요하게 영향을 미치는 선택사항은 몇 가지로 정해져 있다. 따라서 재무분석을 위해서는 주요한 사항에 대해서만 확인해도 충분하다.

▶ **유형자산의 평가모형에 대한 주석사항 사례**

[LG전자 연결감사보고서 중]
2.11 유형자산

유형자산은 **역사적원가에서 감가상각누계액을 차감하여 표시하고 있습니다**. 역사적원가는 자산의 취득에 직접적으로 관련된 지출을 포함합니다. 이하 중략

[STX조선해양 연결감사보고서 중]

(7) 유형자산

연결회사는 기업회계기준서 제 5 호 (유형자산)의 개정에 따라 **재평가모형을 도입하여** 토지와 구축물의 분류에 해당하는 유형자산은 재평가일의 공정가액에서 이후의 감가상각누계액과 손상차손누계액을 차감한 재평가금액을 장부가액으로 인식하고 있습니다. 이하 중략

▶ 기능통화에 대한 주석사항 사례

[LG전자 연결감사보고서 중]
2.4 외화환산

회사의 **기능통화와 표시통화는 대한민국의 원화입니다**. 외화거래는 거래일의 환율 또는 재측정되는 항목인 경우 평가일의 환율을 적용한 기능통화로 인식하고 있습니다. 이하 중략

[STX조선해양 연결감사보고서 중]
(1) 기능통화와 표시통화

각 연결실체들의 개별재무제표 항목들은 기능통화로 측정됩니다. 기능통화란 영업활동이 이루어지는 주된 경제 환경의 통화를 말하며, 외화란 기능통화 이외의 다른 통화를 의미합니다. **연결실체의 기능통화는 미국 달러(US Dollar)이나** 대한민국에 소재하는 지배기업은 원화로 공시할 것이 요구되므로 연결실체의 **재무제표는 지배기업의 표시통화인 원화로 환산되었습니다.** 이하 중략

▶ LG전자의 전환일의 선택적 면제조항의 적용에 대한 주석 사례

비고	한국채택국제회계기준에 따라 회사가 선택한 소급적용 면제조항
사업결합	회사는 사업결합의 면제를 적용함. 이에 따라 전환일 2009년 1월1일 이전에 발생한 사업결합에 대해 기업회계기준서 제1103호를 소급적용하지 아니함.
간주원가	회사는 전환일인 2009년 1월 1일에 토지의 개별 항목을 공정가치로 측정하고 이를 그 시점의 간주원가로 사용함. 또한 회사는 별도재무제표를 작성함에 있어 **종속기업, 조인트벤처 및 관계기업 투자에 대하여 원가법을 적용하였으며**, 전환일 2009년 1월 1일 현재 과거회계기준에 따른 장부금액 7,760,488백만 원을 간주원가로 사용함.
유형자산의 원가에 포함된 사후처리 충당부채의 변경	회사는 기업회계기준해석서 제2101호 '사후처리 및 복구관련 충당부채의 변경'에 따라 사후처리 및 복구관련 충당부채의 특정 변경을 관련된 자산의 원가에 가산하거나 차감함에 있어 한국채택국제회계기준 **전환일 이전에 발생한 부채의 변동에 대하여는 적용하지 아니함**. 유형자산의 원가에 포함된 사후처리 충당부채는 부채의 최초 발생일까지 현재가치로 할인하여 측정하고, 한국채택국제회계기준 전환일까지의 감가상각누계액을 계산함.
차입원가의 자본화	회사는 적격자산을 건설하는데 발생한 차입원가를 자본화에 있어 한국채택국제회계기준 **전환일 시점 이후부터 발생한 차입원가만을 대상으로** 하고 있음.

▶ 삼성전자의 전환일의 선택적 면제조항 적용에 대한 주석 사례

[삼성전기 연결감사보고서 중]
27-1 기업회계기준서 제1101호의 면제조항 선택 적용

기업회계기준서 제1101호는 개시 한국채택국제회계기준 재무상태표의 작성과 관련하여 한국채택국제회계기준 최초채택기업에게 2010년 12월 31일 현재 유효한 한국채택국제회계기준을 소급적으로 적용하여야 하는 요구에 대한 면제조항을 규정하고 있는 바, 당사가 선택한 면제조항은 다음과 같습니다.

- 유형자산의 특정항목에 대한 과거회계기준에 따른 재평가액을 과거 재평가일의 간주원가로 사용하였습니다.

- 모든 종속기업 및 관계기업투자에 대하여 한국채택국제회계기준 전환일의 과거회계기준에 따른 장부금액을 간주원가로 사용하여 원가법을 적용하였습니다.

- 당사는 기업회계기준서 제1019호 문단 120A(16)에서 요구하는 금액을 전환일부터 전진적으로 공시하는 방법을 채택하였습니다.

Chapter 39
연결대상범위를 파악하자

연결대상과 연결에서 제외되는 법인의 재무상황을 확인한다

국제회계기준은 지분율 50%를 초과해 보유하는 경우와 같이 실제로 동일기업이라고 볼 수 있는 기업이면 종속기업으로 보아 연결재무제표에 포함시키고 있다. 그러나 기업경영자들은 이왕이면 우량한 회사는 종속기업으로 포함시키고 부실기업은 종속기업에서 제외시켜 기업의 재무상태를 좋게 보여주려고 할 것이다. 따라서 종속기업의 범위에 어떠한 기업이 포함되는지 혹은 종속기업에는 포함되지 않고 지분법평가만 되는 관계회사에 어떠한 기업이 있는지 확인할 필요가 있다.

만약 투자한 주식을 연결재무제표로 합산하지 않고 지분법으로 평가하게 되면 차입금 등이 표시되지 않고 순자본의 지분율만큼 관계기업투자(지분법주식)로 인식하게 된다. 따라서 재무상태가 양호하지 못한 종속기업이 있는 경우 이에 대한 지분율을 50% 이하로 감소시켜 연결대상에서 제외시킨다면 연결재무제표에는 해당회사의 부채 등이 전혀 반영되지 않고 관계기업투자(지분법주식)로만 기록될 것이다. 그리고 연결재무제표에서는 종속기업의 손익을 100% 모두 지배기업과 합산하나 지분법은 당기손익 중 지분율에 해당되는 금액만 손익으로 인식하게 된다.

예를 들어 인선이엔티의 경우, 종속기업 중 이천에너지는 지분율이 30%밖에 되지 않으나 자산·부채 및 당기순이익 등 재무상황을 보면 인선이엔티 입장에서 매우 중요한 비중을 차지하는 것으로 분석된다. 참고로 인선이엔티의 자산총계는 약 2천억 원이고 당기순이익은 160억 원 정도이다.

▶ **인선이엔티의 종속기업 현황**

(단위 : 원)

종속기업명	설립일	주요사업	자본금 (백만원)	지분율(%)
인선기업㈜	1996.10.23	건설폐기물중간처리	1,938	95.48
인선에너지㈜	2001.10.17	차량용 주유소 운영	1,000	99.99
이천에너지㈜	2009.7.21	소각열 자원화	5,000	30
㈜한국석면안전진단	2009.7.28	석면폐기물 조사	1,000	100

종속기업명	자 산	부 채	매 출 액	당기순이익(손실)
인선기업㈜	20,462,239,014	8,514,204,649	12,450,985,457	1,208,669,286
인선에너지㈜	2,127,864,411	1,226,250,552	1,515,733,981	-146,849,602
이천에너지㈜	20,463,948,448	9,627,807,860	-	5,836,140,588
㈜한국석면안전진단	1,005,153,122	32,903,415	-	-27,750,293

▶ 지분법 평가와 종속기업의 재무상황이 미치는 영향

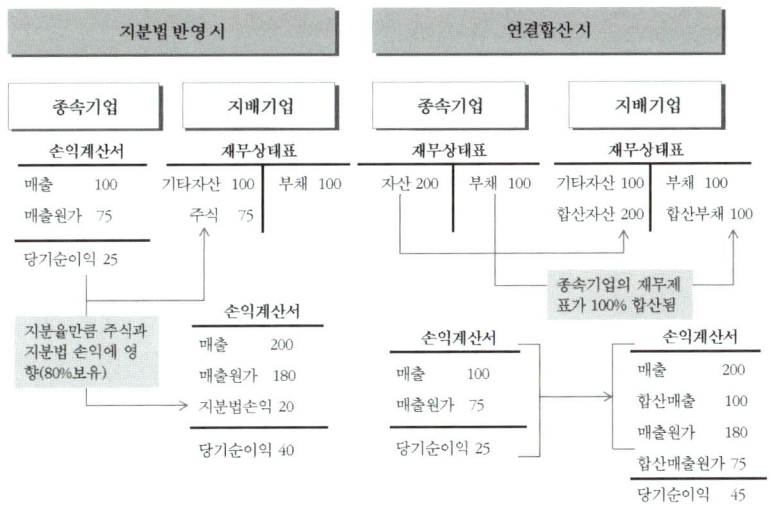

또한 지투알의 종속기업 재무상황을 검토해 보면 중 재무상태가 좋지 않은 기업들을 파악할 수 있는데, 이러한 기업의 지분율은 모두 50%를 훨씬 초과하고 있고 장부금액은 거의 남아 있지 않다. 그런데 지투알은 이러한 회사에 대해서 매각 및 사업철수라는 경영의사결정을 했음을 알 수 있다.

이렇게 재무상황이 좋지 않은 기업을 매각해 연결범위에서 제외하면 해당기업이 보유하고 있던 부실자산 및 채무 그리고 당기순손실 등이 앞으로는 연결재무제표에 합산되지 않게 되어 지배기업의 재무제표를 좀 더 건실하게 보여줄 수 있다.

▶ 지투알의 종속기업 현황

(단위: 천 원)

종속기업명	총자산	총부채	총수익	총비용	이익(손실)
(주)에이치에스애드	183,149,994	150,231,816	171,132,453	163,641,974	7,490,479
(주)탐스미디어	535,574	2,960,237	11,057	240,681	-229,624
(주)알키미디어	8,842,957	8,124,862	1,884,587	1,466,708	417,879
(주)더블유브랜드커넥션	420,403	391,051	2,927,276	3,029,873	-102,597
(주)지아웃도어	1,655	1,935,299	129,094	269,249	-140,155
(주)와이즈벨	2,291,178	1,584,213	6,930,344	6,772,590	157,754
(주)벅스컴애드	363,327	13,325,457	66,819	773,461	-706,642
(주)엘베스트	47,440,962	48,652,139	70,053,596	66,852,596	3,201,000
GIIR America, Inc	874,433	688,261	1,984,371	2,329,145	-344,774
Beijing Yuanzhimeng Advertising Co.,Ltd.	7,703,772	5,555,308	21,732,758	22,116,611	-383,853
GIIR Communications India Private Limited	7,615,073	7,146,505	9,192,390	9,563,322	-370,932
합 계	259,239,328	240,595,148	286,044,745	277,056,210	8,988,535

(*) 당기 중 이사회에서 종속기업인 (주)탐스미디어, (주)지아웃도어 및 (주)벅스컴애드에 대해 사업철수를 결의하였으며, (주)더블유브랜드커넥션에 대해 처분을 결의하였습니다. 이를 매각예정비유동자산으로 분류하여 당기말 현재 관련 종속기업 투자지분은 없습니다.

Chapter 40
비지배지분의 비중을 판단하는 방법

비지배지분은 연결재무제표의 신뢰도를 나타낸다

연결재무제표에서 비지배지분은 앞에서 설명한 바와 같이 지배회사가 포함된 연결주체가 아닌 외부 주주들의 몫을 나타내는 개념이다. 따라서 연결재무제표를 주된 재무제표로 사용하기 위해서는 외부 주주의 몫에 해당되는 비지배지분이 차지하는 비중이 크지 않아야 한다. 그래야만 연결재무제표가 지배회사의 재무제표리고 할 수 있을 것이다.

기존 회계기준에 비해 국제회계기준은 종속기업에 포함되는 지분율 등을 확실하게 하는 등 연결의 범위를 엄격히 규정한다. 따라서 일반적으로 기존 회계기준에 비해 비지배지분이 감소되는 경향이 나타난다.

만약 어떠한 회사의 연결재무제표에서 비지배지분이 차지하는 비중이 큰 경우, 이는 연결실체의 자산과 부채 등 재무자원과 매출 등 경영성과의 상당 부분이 지배회사의 몫이 아니라는 의미이다. 따라서 의사결정과정에서 이러한 사항을 충분히 고려해야 한다.

예를 들어 기존 기업회계기준이 적용된 금호석유화학의 경우, 재무상태표와 손익계산서에서 비지배지분이 약 30% 정도를 차지할 정도로 크게 나타나고 있다. 따라서 9조 원의 총자산 중 약 30% 정도는 연결지배기업의 몫이 아닌 자산이 있다고 볼 수 있으며 당기순이익도 1조 원 모두 연결지배기업의 몫이 아니라고 파악된다.

반면 국제회계기준이 적용된 LG전자의 경우 비지배지분이 차지하는 비중이 거의 무시할 만한 수준이므로 LG전자의 연결재무제표는 연결지배기업의 재무제표로 보아도 무리가 없을 것이다.

> 비지배지분이 크다는 것은 연결지배기업의 몫이 아닌 것이 많다는 뜻이다.

▶ 금호석유화학 재무상태표의 연결자본 현황(기존 기업회계기준)

(단위: 원)

과 목	2009년	2008년
자본		
Ⅰ.지배회사지분	462,104,370,585	1,094,159,826,891
1.자본금(주석 1,18)	142,239,665,000	142,239,665,000
2.연결자본잉여금	303,449,199,994	303,449,199,994
3.연결자본조정	-61,291,260,248	-60,561,252,001
4.연결기타포괄손익누계액	361,496,929,762	351,961,024,561
5.연결이익잉여금(결손금)	-283,790,163,923	357,071,189,337
Ⅱ.소수주주지분(주석 2,3)	213,042,748,760	669,656,731,945
자본총계	675,147,119,345	1,763,816,558,836
부채와 자본총계	8,915,486,637,776	10,207,601,112,926

과 목	2009년	2008년
매출액(주석 2,27,32)	6,897,629,783,599	7,192,479,268,490
영업이익	110,362,079,828	399,366,033,555
계속사업이익(손실)	-1,006,410,422,467	-38,942,307,832
중단사업손실(주석 2,3,32,34)	-	-127,104,539,504
당기순이익(손실)(주석 22,34)	-1,006,410,422,467	-166,046,847,336
지배회사지분순이익(손실)	-623,568,625,210	-51,497,889,426
소수주주지분순이익(손실)	-382,841,797,257	-114,548,957,910

▶ LG전자 재무상태표의 연결자본 현황(국제회계기준)

(단위: 백만 원)

자 본		2010년		2009년	
지배기업의 소유주지분:			13,052,201		11,804,178
납입자본:			3,017,088		3,017,088
자본금		809,169		809,169	
주식발행초과금		2,207,919		2,207,919	
이익잉여금	11		10,108,173		9,214,309
기타포괄손익누계액			-209,844		-156,886
기타자본구성요소	12		-271,277		-270,333
비지배지분:			215,497		621,068
비지배지분		215,497		621,068	
자 본 총 계			12,859,637		12,425,246
부채와 자본총계			32,318,499		32,114,512

Chapter 41
더욱 중요해지는 무형자산의 손상검사

비한정 내용연수를 지닌 무형자산의 손상여부에 주의하라

국제회계기준에서 무형자산은 기존 기업회계기준이 적용되었을 때보다 일반적으로 증가하게 된다. 영업권 같은 비한정 내용연수를 지닌 무형자산의 개념이 도입되었을 뿐 아니라 골프장회원권 같은 자산에 대한 이용권리도 기타비유동자산에서 무형자산으로 계정분류되었기 때문이다. 또한 개발비에 대해 인식요건을 구체적으로 명시함으로써 보수적인 비용처리를 하던 기업의 경우, 무형자산으로 계상하게 되며 개발비가 증가하는 경우도 발생한다.

재무상태표에서는 일반적으로 무형자산의 내용을 구체적으로 보여주지 않으며 순액으로 표시하므로 반드시 주석을 통해 무형자산의 내용을 확인, 손상가능성이 있는 자산이 얼마나 되는지 파악하는 것이 필요하다. 특히 무형자산 중 영

▶ 하이마트의 무형자산 내역

(단위: 백만 원)

과 목	영업권	상표권	회원권	임차권리금	기타의 무형자산	합 계
취득원가						
기초금액	1,683,324	6	3,514	810	1,172	1,688,826
취득금액	-	7	98	150	781	1,035
처분금액	-	-	-	-160	-	-160
기말금액	1,683,324	13	3,612	800	1,953	1,689,702
상각누계액 및 손상차손누계액						
기초금액	-	-4	-796	-313	-661	-1,775
무형자산상각비	-	-1	-	-194	-212	-408
처분금액	-	-	-	98	-	98
손상차손	-	-	-367	-	-	-367
기말금액	-	-5	-1,162	-410	-874	-2,451
장부금액						
기초금액	1,683,324	2	2,719	497	511	1,687,052
기말금액	1,683,324	8	2,449	390	1,079	1,687,250

(2) 현금창출단위집단의 회수가능액은 사용가치의 계산에 기초하여 산정되었습니다. 사용가치는 경영진에 의해 승인된 5년 간의 추정 사업계획에 기초한 세후 현금흐름추정을 사용하여 계산되었으며, 5년을 초과한 현금흐름은 1.5~2% 영구성장율을 이용하여 추정되었습니다.

(3) 당기 말 현재 추정기간(2011년부터 2015년까지)동안 사용가치 계산에 사용된 주된 가정은 다음과 같습니다.

- 총이익률: 24.1~24.7%
- 매출액성장율: 6.8~11.7%
- 할인율: 10.3~11.5%

경영진은 과거 실적과 시장성장에 대한 예측에 근거하여 추정된 사업계획상 총이익과 매출액 성장율을 적용하였습니다. 사용된 할인율은 관련된 영업부문의 특수한 위험을 반영한 세후 할인율입니다.

업권이 얼마인지 해당 영업권에 대한 손상평가에 사용되는 가정 등이 적정한지 그리고 최근 가격하락이 많이 있었던 골프 및 콘도미니엄 회원권에 대한 평가가 적정하게 반영되었는지 등을 확인할 필요가 있다.

2005년부터 국제회계기준을 의무적용한 유럽의 경우, 도입영향을 분석한 결과 도입 직후 많은 기업들이 영업권 및 개발비에 대한 손상을 인식하게 된 것으로 보고되고 있다. 우리나라도 2011년 본격적으로 도입되고 나면 이와 유사한 결과가 오리라 유추해 볼 수 있다. 따라서 재무제표를 분석할 때는 이러한 점을 염두에 두고 분석해야 할 것이다.

하이마트의 경우 무형자산 중 가장 중요한 자산은 영업권과 회원권로 파악된다. 영업권에서는 손상차손이 발생하지 않았으나 회원권에서는 손상차손이 발생했다.

특히 영업권은 금액규모에서 매우 중요한데, 이러한 자산의 손상검사에서 사용한 주요 가정들이 합리적인지 검토할 필요가 있다. 예를 들어 해당 가정 중 매출액 증가율, 이익률 및 미래현금흐름에 대한 할인율에 대한 가정이 과거실적, 경쟁사 현황 등과 비교해 합리적인지 검토해야 할 것이다.

Chapter 42

지속가능한 영업이익을 확인하라

영업이익은 매년 반복되는 이익을 의미하지 않는다

국제회계기준에서 영업이익의 의미는 반복적으로 발생할 수 있는 영업이익을 의미하지 않고 비 반복적이라도 영업활동과 관련된 이익을 모두 포함하는 것이다. 따라서 생산활동에서 사용되던 기계장치의 처분손익 그리고 매출채권에 대한 할인 시 발생한 처분손익도 영업활동과 관련 있다고 보아 영업이익에 포함시킨다. 이는 영업활동에서 반복적으로 발생한 이익만 영업이익항목으로 계상한 것과 차이가 있다.

일반적으로 영업이익이 중시되는 이유 중 하나는 차기 이후에도 발생될 가능성이 높은 본질적 이익이라는 의미가 있기 때문이다. 그러므로 당기 중 거액의 비 반복적 영업이익이 발생하면 이러한 사항을 충분히 고려해야 할 것이다.

즉, 기업의 경영성과를 분석할 때 포괄손익계산서상 영업이익을 매출총이익에서 판매관리비 항목을 차감한 지속가능영업이익(Sustainable Operating Income)과 비 반복적인 사항을 포함한 영업이익으로 구분해 분석할 필요가 있다.

참고로 기업 내부적으로는 비 반복적인 사항을 실현손익인 처분손익 등과 비실현손익인 평가손익으로 구별해 분석하기도 한다.

신용평가정보, 한국기업데이터, WISEfn, FnGuide 등 평가기관에서는 기업마다 표시방법의 차이로 인해 표준재무제표양식으로 조정해 분석한다. 기업의 영업이익을 단순 비교하지 말고 산정기준이 동일한지 확인하면서 분석해야 한다.

▶ **포괄손익계산서의 조정분석 예시**

매출액	
매출원가	
매출총이익	
판매직접비 및 관리비	영업활동에 수반되는 판매비와 관리비
영업이익 ①	조정된 영업이익으로 지속가능영업이익(SOI)
영업자산매각손익	영업자산의 매각에 따른 처분손익
기타영업손익	기타 비경상적 영업손익으로 실현손익
영업이익 ②	실현된 영업자산의 매각손익 및 기타손익을 반영한 영업이익
투자자산처분손익	투자자산 등 영업활동과 직접적인 관련없는 자산의 처분손익
자산의 평가손익	자산에 대한 평가손익
영업이익 ③	포괄손익계산서 상 영업이익. 미실현손익과 영업활동과 직접 관련 없는 자산의 처분손익을 포함한 영업이익
금융수익/비용	이자수익, 이자비용 등 금융손익
외환차손익	실현된 외화환차손익
경상이익 ①	금융수익
외화환산손익	미실현된 외화평가손익(환산손익)
경상이익 ②	
지분법평가손익	
경상이익 ③	법인세차감전순이익
법인세비용	
당기순이익	

Chapter 43
달라지는 재무비율, 어떻게 사용할까

재무비율의 분석대상에 따라 비지배지분을 고려한다

국제회계기준은 연결재무제표를 주된 재무제표로 사용하면서 재무비율도 연결기준으로 변경했다. 연결재무제표 기준으로 산출된 재무비율은 연결그룹 전체에 대한 재무비율의 의미를 가지고 있으므로 종속기업의 수익 및 재무적 위험 같은 모든 재무상황이 반영되었다고 볼 수 있다.

그런데 재무비율 중 주가수익비율(Price Earning Ratio), 주가순자산비율(Price Book value Ratio), 자기자본이익율(Return On Equity)은 본질적으로 지배회사의 주주에 대한 정보를 나타내는 것이다. 즉, 이러한 것들은 지배회사의 주식가격과 지배회사의 투자지분 수익에 대한 분석지표이다. 따라서 이러한 비율을 도출할 때에는 당기순이익 등에서 비지배지분을 제외하고 지배회사 지분만을 가지

▶ 연결재무비율 분석 시 주의하여야 할 주요 재무비율

구분	산정방법	비고
주당순이익 (EPS)	$\dfrac{\text{지배회사지분순이익}}{\text{지배회사 유통보통주식수}}$	포괄손익계산서에 이미 반영되어 있으므로 조정 불필요
주가수익비율 (PER)	$\dfrac{\text{지배회사 주식가격} \times \text{주식수}}{\text{지배회사 지분순이익}}$	이익을 지배회사 지분만을 가지고 산정하여야 함
주가순자산비율 (PBR)	$\dfrac{\text{지배회사 주식가격} \times \text{주식수}}{\text{자본총계} - \text{비지배지분}}$	총자본에서 비지배지분을 차감한 지배회사지분만을 사용하여야 함
자기매출비율 (PSR)	$\dfrac{\text{지배회사 주식가격} \times \text{주식수} + \text{비지배지분}}{\text{매출액}}$	비지배지분의 장부가액을 시장가치로 가정함
자기자본이익 (ROE)	$\dfrac{\text{지배회사지분순이익}}{\text{자본총계} - \text{비지배지분}}$	지배회사 지분만을 고려함
EV/EBITDA	$\dfrac{\text{지배회사 주식가격} \times \text{주식수} + \text{순차입금} + \text{비지배지분}}{\text{영업이익} + \text{감가상각비} + \text{무형자산상각비}}$	비지배지분의 장부가액을 시장가치로 가정함

고 계산해야 할 것이다.

그리고 기업가치를 추정하는 데 많이 사용되는 EV/EBITDA 비율은 기업가치(주식시가총액+순차입금)를 EBITDA로 나누어 도출한다. 이때 EBITDA가 종속기업을 포함한 연결실체 전체에 대한 지표이므로 기업가치를 산정함에도 비지배지분을 추가로 고려해야 한다. 즉, 기업가치를 지배회사의 시가총액에 순차입금과 비지배지분의 장부가치를 더해 계산한다. 비지배지분의 경우 시장가격을 알기 어려우므로 장부가치를 사용해도 중요성 관점에서 무방할 것이다.

참고로 별도재무제표에서도 재무비율을 산정할 수 있으나, 이것은 종속기업의 재무상황이 충분히 반영되지 않은 보조적 지표라는 점을 분명히 인지하고 분석해야 한다.

Chapter 44
IFRS를 적용한 실제 재무제표 분석

 앞에서 설명한 사항을 중심으로 국제회계기준이 처음 도입된 LG전자 재무제표의 기본사항을 분석해 보자. 지면관계상 일반적인 분석내용은 제외하고 국제회계기준이 적용되면서 주의해야 할 항목 위주로 설명하겠다.

비지배지분의 적정성을 검토한다

LG전자의 연결재무제표상 비지배지분의 비중을 검토해 보면 자본총계 약 13조 원에서 2천억 원 정도로 약 1.7%를 차지하고 있어 의미 있는 수준은 아니다. 이는 전기 약 5%에 비해서도 크게 감소한 것으로 판단된다. 따라서 그냥 연결재무제표가 LG전자의 재무제표라고 생각하고 재무분석을 하면 될 것이다.

▶ 비지배지분의 적정성 검토 예시

(단위 : 백만 원)

	2010 년		2009 년	
지배기업의 소유주지분:	12,644,140	98.3%	11,804,178	95.0%
비지배지분:	215,497	1.7%	621,068	5.0%
자 본 총 계	12,859,637		12,425,246	

국제회계기준의 도입영향을 분석한다

2009년도 전기 재무제표의 회계기준을 국제회계기준으로 전환하면서 변경되는 주요 사항을 확인하기 위해 주석43을 검토해보면, 연결범위의 변화가 기업의 손익과 자산·부채에 큰 영향을 주고 있음이 확인된다. 총자산 14조 원과 당기순이익 6천7백억 원이 연결범위의 변화로 감소하게 되었는데, 이로 미루어 LG전자는 국제회계기준의 도입이 기업 외형을 감소시키는 결과를 초래했음을 알 수 있다.

주석을 좀더 상세히 살펴보자. 이상의 결과는 지분율이 30%를 초과하므로 기존 기업회계기준상으로는 종속기업으로 판단됐으나 국제회계기준상 종속기업 기준을 충족시키지 못하는 LG디스플레이(38%)와 그 종속기업이 연결대상에서 제외된 결과임을 알 수 있다.

또한 주요 변경사항 중 개발비가 추가적으로 자본화되어 약 1천억 원의 당기

▶ LG전자의 주석 사례 1

주석 43. 한국채택국제회계기준으로의 전환

손익계산서	과거회계기준	연결범위변동 (*1)	매출채권할인 (*2)	확정급여부채 (*3)	관계기업투자 (*5)	영업권 (*6)
당기순이익	2,790,814	-672,888	-14,117	-28,004	31,728	20,145
총포괄이익	2,549,033	-643,905	-14,117	-43,860	46,333	20,145
손익계산서	전환권 등	개발비	이연법인세 (*7)	기타	중단사업	한국채택국제회계기준
당기순이익	-20,825	100,952	146,382	-4,059	-	2,350,128
총포괄이익	-20,825	100,952	146,382	-4,059	-	2,136,079

재무상태표	과거회계기준	연결범위변동 (*1)	매출채권할인 (*2)	확정급여부채 (*3)	토지에 대한 공정가치평가 (*4)	관계기업투자 (*5)
자산총계	44,756,799	-14,888,451	1,409,132	-	1,085,137	-21,024
부채총계	27,522,834	-8,459,329	1,407,609	57,479	-	-
자본총계	17,233,965	-6,429,122	1,523	-57,479	1,085,137	-21,024
재무상태표	영업권(*6)	전환권 등	개발비	이연법인세 (*7)	기타	한국채택국제회계기준
자산총계	20,124	-	100,952	-352,610	4,453	32,114,512
부채총계	-	24,818	-	-877,179	13,034	19,689,266
자본총계	20,124	-24,818	100,952	524,569	-8,581	12,425,246

(*1) 연결범위 등의 변경으로 LG 디스플레이 등 회사가 관계회사로 재분류됨
(*2) 과거회계기준에 따라 매각거래로 처리하였던 일부 매출채권에 대하여 차입거래로 처리
(*3) 확정급여부채 및 장기종업원급여부채에 대하여 보험수리적 방법으로 평가하고 확정급여부채에 대한
  보험수리적손익은 기타포괄손익으로, 장기종업원급여부채에 대한 보험수리적손익은 당기손익으로 반영
(*4) 일부 토지에 대하여 전환일 시점의 공정가치 평가액을 간주원가로 사용하는 최초채택 시의 선택적
  면제조항 적용
(*5) 관계기업의 회계기준 차이에 따른 재무제표 변경 효과
(*6) 영업권에 대한 당기 상각비를 취소
(*7) 조인트벤처 및 관계기업 투자에서 발생하는 일시적차이의 원천별 실현 방법에 따라 이연법인세를
  인식함에 따른 차이와 기타 회계기준 차이 조정액에 대한 이연법인세 효과 반영

순이익과 자산이 증가되었다. 상식적인 수준에서 LG전자의 사업규모 등을 고려했을 때 무형자산으로 계상된 개발비의 장부가액 2,800억 원은 무리되지 않는 범위라고 판단할 수 있다.

당기순이익과 자본에는 영향을 미치지 않지만 약 1.4조 원 정도의 매출채권이

할인되었던 것은 차입금의 증가로 처리되었다. 전기와 매출채권의 회전율 등을 비교해 분석할 때 이 부분이 고려되어야 할 것이다.

그리고 토지는 국제회계기준이 적용되는 시점에 공정가치를 취득원가로 간주해 기존 회계기준보다 약 1조 원의 자산증가가 있었다는 사실도 파악할 수 있다.

기업이 선택한 회계원칙을 확인한다

주요 회계원칙 중에서 회사가 선택한 회계원칙이 무엇인지 그리고 국제회계기준으로 전환하면서 선택적으로 과거 소급해 적용하지 않은 것은 무엇인지 주석

▶ 회계원칙 주요 확인사항

구분	주요확인사항
유·무형자산	최초 IFRS 도입시 토지에 대하여 공정가액을 간주원가로 사용 원가모형 선택 사항 차입원가(금융비용 자본화) 적용한 사항 있음
투자부동산	최초 IFRS 도입시 토지에 대하여 공정가액을 간주원가로 사용 공정가치모형 선택 사항
외화환산	기능통화가는 외화가 아님 위험회피 회계의 적용하나 중요하지 않음
종업원급여	보험수리적 손익을 기타포괄손익으로 즉시인식
수익인식	반품충당부채를 인식
사업결합시 영업권	사업결합시 지분율 확보 분에 대하여 영업권 인식 (비지배지분을 피취득자의 순자산 중 비례적지분으로 측정)

▶ LG전자의 주석 사례 2

2. 2 연결
연결회사의 사업결합은 취득법으로 회계처리 됩니다. 이전대가는 취득과 관련하여 취득일에 제공한 자산, 발행한 지분증권, 인수하거나 발생시킨 부채의 공정가치의 합으로 측정하고 있습니다. (중략) **연결회사는 비지배지분을 피취득자의 순자산 중 비례적지분으로 측정합니다.**

2.4 외화환산
(1) 기능통화와 표시통화
연결회사는 연결회사 내 개별기업의 재무제표에 포함되는 항목들을 각각의 영업활동이 이루어지는 주된 경제환경에서의 통화("기능통화")를 적용하여 측정하고 있습니다. 회사의 **기능통화와 표시통화는 대한민국 원화**이며, 연결재무제표는 대한민국 원화로 표시하고 있습니다.

2.11 유형자산
유형자산은 **역사적 원가에서 감가상각누계액을 차감하여 표시**하고 있습니다. 역사적원가는 자산의 취득에 직접적으로 관련된 지출을 포함합니다

2.16 투자부동산
임대수익이나 투자차익을 목적으로 보유하고 있는 부동산은 투자부동산으로 분류하고 있습니다. **투자부동산은 취득시 발생한 거래원가를 포함하여 최초 인식시점에 원가로 측정하며, 최초 인식 후에 원가에서 감가상각누계액과 손상차손누계액을 차감한 금액을 장부금액으로 표시하고 있습니다**

11. 차입원가
(3) 차입금에서 발생한 **차입원가 중 1,442백만 원**(2009년 : 658백만 원)은 당기에 자본화하여 유형자산의 취득원가에 포함되어 있으며, 자본화이자율은 6.22%가 사용되었습니다.

을 통해 확인하다. LG전자는 국제회계기준을 도입하며 토지에 대해서 전환일의 공정가치를 간주원가로 사용했으나 유·무형자산 및 투자부동산의 평가모형은 원가모형을 적용했다. 그리고 수익인식 기준에서는 반품이 중요해 반품충당부채를 계상하고 있음을 알 수 있다. 사업결합 시 영업권은 취득한 지분에 대해서만 인식하고 있다.

관계기업 등의 투자주식 변화를 확인한다

무엇보다 자산에서 종속기업 및 관계기업에 대한 투자주식이 1.6조 원 정도 증가한 것이 눈에 띈다. 옆의 주석13을 살펴보자. 엘지이노텍이라는 회사가 종속기업에서 지분율이 하락하게 되어 관계회사로 변경되었다는 사실을 알 수 있다.

국제회계기준 상 연결범위에서 제외되면 중단사업으로 처리되는데, 변경사항을 확인하기 위해 관련 주석42를 살펴보면 자세한 내용을 알 수 있다.

옆의 주석42를 보자. 엘지이노텍에 대한 중단사업이익은 지배력상실 전까지의 당기순이익 324억 원과 엘지이노텍 주식을 공정가치금액으로 평가해 관계기업투자주식(지분법주식)으로 대체하면서 평가이익 8,152억 원이 발생했다.

그리고 주석에서 조인트벤처 및 관계기업에 대한 내용을 검토해 지분법평가 대상이 되는 기업 중 재무제표에 중요한 영향을 미치는 기업을 파악해 보자. 엘지이노텍과 LG디스플레이가 가장 중요한 기업으로 파악되고 이러한 회사들에서 적자가 발생한다든지 부채를 과다하게 보유하고 있는 등 재무제표에 부정적 영향을 미칠만한 사항은 발견되지 않고 있다.

▶ LG전자의 주석 사례3

주석 13. 관계기업 투자 등

(단위: 백만 원)

구 분	2010년	2009년
기초 장부금액	4,404,163	4,044,204
취득(*1)	1,437,601	116,930
조인트벤처 및 관계기업 손익에 대한 지분(*2)	469,509	471,239
조인트벤처 및 관계기업 기타포괄손익 변동에 대한 지분(*3)	-20,200	-22,452
관계기업의 보험수리적손익 지분	-3,692	-11,077
배당/투자자산의 회수	-169,619	-158,811
처분	-87,227	-
손상차손	-	-35,861
종속기업으로의 분류 변경 등	-22,390	-9
기말 장부금액	6,008,145	4,404,163

(*1) 주석 42 에서 설명하는 바와 같이 연결회사는 당기 중 이전 종속기업인 **엘지이노텍 주식회사에 대한 지배력을 상실하였고** 잔여지분을 공정가치로 평가하여 관계기업으로 분류하였습니다. 취득금액에 대한 세부내역은 다음과 같습니다.

▶ LG전자의 주석 사례4

주석 42. 중단사업

(단위: 백만 원)

구 분	2010.1.1 ~ 지배력 상실시점	2009년
매출액	482,457	1,728,436
영업이익	48,275	152,861
법인세비용차감전순이익	27,564	93,217
법인세비용	-4,910	19,091
세후순이익	32,474	74,126
공정가치평가이익	839,152	-
법인세비용	23,892	-
세후공정가치평가이익	815,260	-
중단영업순이익	847,734	74,126
지배기업의 소유주지분	833,249	47,303
비지배지분	14,485	26,823

연결실체에서 재고자산은 중요한 비중을 차지한다

앞서 설명한 바와 같이 국제회계기준은 재무상태표에서 세부 계정에 대한 설명을 하지 않는다. 이는 정보이용자들이 주석을 보고 판단해야 한다. 이런 이유에서 국제회계기준에서는 주석이 중요하다고 거듭 강조하는 것이다.

LG전자의 별도재무제표에서 재고자산 내용 및 회전율을 검토해 보면 매출원가가 약 25조 원이고 평균재고자산은 9천억 원 정도로 재고자산 회전율은 27회 정도이다. 하지만 연결재무제표에는 매출원가가 44조 원인 반면 평균재고자산은 약 5조 원으로 재고자산회전율이 약 8회 정도로 급격하게 떨어지게 된다. 이는 전기 대비로 크게 증가한 것은 아니다. 그러나 재고자산이 총자산에서 차지하는

▶ LG전자의 별도재무제표와 연결재무제표의 재고자산 회전율 분석

(단위: 백만 원)

	별도재무제표		연결재무제표	
	2010년	2009년	2010년	2009년
총자산	22,975,009	22,143,210	32,318,499	32,114,512
매출원가	24,893,697	23,406,778	43,723,913	41,340,613
재고자산	1,064,792	767,019	5,872,420	4,899,313
평균재고	915,906	834,070	5,385,867	5,081,570
재고자산회전율	27.2	28.1	8.1	8.1

주석 9. 재고자산

(단위: 백만 원)

구 분	연결재무제표		별도재무제표	
	2010.12.31	2009.12.31	2010.12.31	2009.12.31
제품 및 상품	3,480,831	2,861,546	415,795	344,615
반제품 및 재공품	237,413	209,745	131,288	74,759
원재료 및 저장품	1,917,378	1,624,374	440,729	299,058
기타의 재고자산	236,798	203,648	76,980	48,587
합 계	5,872,420	4,899,313	1,064,792	767,019

비중이 별도재무제표에서는 약 4% 정도인데 반해 연결재무제표에서는 18%로 중요하게 증가했음을 확인할 수 있다.

일반적으로 종속기업 중에 재고자산을 다수 보유하고 있는 기업이 있거나 종속기업으로 판매한 재고가 다수 존재하는 경우 위와 같은 현상이 나타난다. 주석9 재고자산을 살펴보면 LG전자는 재고자산 중 약 3조 원의 '제품 및 상품'과 약 1.5조 원의 '원재료 및 저장품'을 종속회사에서 보유하고 있음을 알 수 있다.

위험관리내역을 확인해보자

국제회계기준에서는 회사의 다양한 재무적 위험요소에 대해 각종 정보를 주석에 공시하도록 하고 있다. 기업의 재무적 위험에는 ① 환율이나 이자율 변동에 대한 손익변동위험(시장위험), ② 채권을 회수하지 못할 위험(신용위험), 그리고 ③ 차입금등을 지급하지 못할 위험(유동성위험)이 있다.

LG전자의 주석41 위험관리 부분을 보면 환율 및 이자율 변동에 따른 손익변동성이 각각 4천억 원과 6백억 원 이하로 당기순이익의 규모에 비해서는 중요하지 않음을 알 수 있다. 그리고 채권 7조 원은 28조의 부보금액에서 보험으로 안전장치가 마련되어 있음을 알 수 있다.

▶ 위험관리내역 주석 사례1

주석 41. 위험관리

(1) 시장위험

(단위: 백만 원)

구 분	2010.12.31		2009.12.31	
	10% 상승시	10% 하락시	10% 상승시	10% 하락시
미국달러/원	-415,020	415,020	-413,377	413,377
유로/원	29,550	-29,550	24,008	-24,008

구 분	2010.12.31		2009.12.31	
	100bp 상승시	100bp 하락시	100bp 상승시	100bp 하락시
이자비용	35,855	-35,855	32,865	-32,865
이자수익	19,664	-19,664	23,146	-23,146
파생상품평가이익(손실)(*)	7,114	-7,114	7,885	-7,885

(2) 신용위험

보고기간말 현재 연결회사의 매출채권 잔액은 7,001,962 백만 원(전기말: 7,637,131 백만 원)이며, 동 채권은 28,733,704 백만 원(전기말: 19,544,456 백만 원) 상당의 보험한도 내에서 적절하게 부보되어 위험관리되고 있습니다.

(3) 유동성 위험

보고기간말 현재 연결회사의 유동자산 중 현금및현금성자산 및 금융기관예치금 규모는 1년 이내에 만기 도래하는 유동성 차입금총액의 51%(전기 말: 61%) 수준이며 Committed Line 을 포함할 경우 1년 이내에 만기 도래하는 유동성 차입금 총액의 66%(전기 말: 75%) 수준의 유동성을 확보하고 있습니다.

그리고, 국제신용평가기관인 Standard & Poor's 및 Moody's로부터 각각 BBB Negative, Baa2 Stable(전기 말: BBB Stable, Baa3 Stable, 전기 초: BBB Stable, Baa3 Positive)
투자적격등급을 부여받고 있어, 국내외 금융시장을 통해 적기에 자금조달이 가능합니다.

그리고 LG전자가 보유하고 있는 현금성자산과 추가차입약정(Committed line)으로 만기가 1년 이내 도래하는 유동성 차입금의 약 66%를 상환할 수 있으므로 기타 사항을 고려했을 때 상환불능 위험은 낮은 것으로 볼 수 있다. 그러나 이는 전기 75% 수준에 비해 감소했음을 알 수 있다.

> **잠깐! 알아두기**
>
> ### 추가차입약정(Committed Line)이란?
>
> 금융기관과 약정으로 외화자금을 우선적으로 공급받을 수 있는 신용공여계약을 의미한다. Committed Line과 유사한 Credit Line은 상대 은행이 거부하면 자금 조달이 중단되는 반면 Committed Line은 법적으로 자금 인출 우선순위를 보장받는다.

▶ LG전자의 연결재무상태표 사례1

연 결 재 무 상 태 표

제 9 기 2010 년 12 월 31 일 현재
제 8 기 2009 년 12 월 31 일 현재

LG 전자주식회사 (단위: 백만 원)

과 목	주석	제 9 기		제 8 기	
자 산					
유 동 자 산			16,514,533		16,910,073
현금및현금성자산	6	1,944,162		2,423,787	
금융기관예치금	6	85,000		223,000	
매출채권	7	7,001,962		7,637,131	
기타수취채권	7	525,046		714,636	
기타금융자산	8	1,814		902	
재고자산	9	5,872,420		4,899,313	
기타자산	10	1,079,099		1,011,304	
매각예정비유동자산		5,030		-	
비 유 동 자 산			15,803,966		15,204,439
금융기관예치금	6	105,479		162,373	
기타수취채권	7	543,562		478,226	
기타금융자산	8	105,601		102,473	
유형자산	11	6,500,484		7,708,933	
무형자산	12	763,382		803,828	
이연법인세자산	17	968,751		693,789	
종속기업, 조인트벤처 및 관계기업 투자	13	6,008,145		4,404,163	
투자부동산	14	7,295		12,979	
기타자산	10	801,267		837,675	
자 산 총 계			32,318,499		32,114,512

▶ LG전자의 연결재무상태표 사례2

연 결 재 무 상 태 표
제 9 기 2010년 12월 31일 현재
제 8 기 2009년 12월 31일 현재

LG 전자주식회사 (단위: 백만 원)

과 목		제 9 기		제 8 기	
부 채					
유 동 부 채			15,393,853		16,168,667
매입채무		5,824,392		5,315,853	
차입금	15	4,009,229		4,307,015	
기타지급채무	16	3,730,292		4,269,470	
기타금융부채	8	5,314		62,153	
당기법인세부채		98,659		144,230	
충당부채	19	824,766		814,859	
기타부채	20	901,201		1,255,087	
비 유 동 부 채			4,065,009		3,520,599
차입금	15	3,183,706		2,601,583	
기타지급채무	16	11,597		13,999	
기타금융부채	8	37,492		80,222	
이연법인세부채	17	10,253		25,682	
확정급여부채	18	318,112		299,406	
충당부채	19	501,077		495,981	
기타부채	20	2,772		3,726	
부 채 총 계			19,458,862		19,689,266
지배기업의 소유주지분:			12,644,140		11,804,178
납입자본:			3,017,088		3,017,088
자본금	21	809,169		809,169	
주식발행초과금		2,207,919		2,207,919	
이익잉여금	22		10,108,173		9,214,309
기타포괄손익누계액			-209,844		-156,886
기타자본구성요소	23		-271,277		-270,333
비지배지분:			215,497		621,068
비지배지분		215,497		621,068	
자 본 총 계			12,859,637		12,425,246
부채와 자본총계			32,318,499		32,114,512

당기순이익 중 중단사업 손익의 중요성을 확인한다

국제회계기준에서는 포괄손익계산서의 당기순이익과 총포괄손익은 중단영업 손익과 계속영업손익으로 구분해 표시하도록 하고 있다. 중단된 사업 등에서 발

▶ LG전자의 연결재무상태표 사례3

제 9 기 2010년 1월 1일부터 2010년 12월 31일까지
제 8 기 2009년 1월 1일부터 2009년 12월 31일까지

LG 전자주식회사   (단위: 백만원)

과목	주석		제 9 기		제 8 기
매출액	25,40		55,753,804		55,491,157
매출원가	26,40		43,723,913		41,340,613
매출총이익			12,029,891		14,150,544
판매비	26,28		7,270,523		6,740,274
관리비	26,28		1,402,217		1,297,264
연구개발비	26,28		1,500,759		1,269,828
서비스비	26,28		1,768,262		1,883,013
기타영업수익	30		2,009,992		2,417,367
기타영업비용	26,31		1,921,653		2,696,829
영업이익(손실)			176,469		2,680,703
금융수익	32		819,747		1,291,031
금융비용	33		1,039,012		1,542,430
조인트벤처및관계기업손익	13		477,322		435,378
법인세비용차감전순이익			434,526		2,864,682
법인세비용(수익)	34		141		588,680
계속영업순이익			434,385		2,276,002
중단영업	42				
중단영업순이익			847,734		74,126
당기순이익(손실)			1,282,119		2,350,128
당기순이익의 귀속					
지배기업의 소유주지분			1,282,119		2,350,128
계속영업이익		393,713		2,240,182	
중단영업이익		833,249		47,303	
비지배지분			55,157		62,643
계속영업이익		40,672		35,820	
중단영업이익		14,485		26,823	

생한 손익이 차기 이후에는 발생하지 않기 때문에 구분해 표시해야만 정보이용자들이 차기 이후의 경영성과를 합리적으로 예측할 수 있을 것이다. 이때 중단사업이란 일부 사업부의 분할 및 매각 그리고 연결범위에서 제거되어 차기 이후의 연결실체에 포함되지 않는 사업을 의미한다.

LG전자의 경우 감사보고서 본문 중 특기사항 등을 보면 엘지이노텍이라는

회사가 당기 중 지분율 하락으로 종속기업에서 관계회사로 변경되었음을 알 수 있다. 이 중단사업에서 발생한 손익은 앞에서 살펴본 바와 같이 총 8천5백억 원인데, 이 중 약 8천1백억 원은 사업중단에 따른 공정가치평가로 인해 발생했다. 이를 제외한 계속영업순이익은 4천억 원으로 전기 계속영업순이익 2조3천 억에 비해 급감한 것을 알 수 있다.

계속 영위하는 사업에서 매출액 등은 전기에 비해 큰 차이가 없었으나 계속영업이익은 약 1조9천억 원이 감소했다. 이는 총당기순이익의 감소액 1조 원보다 더 큰 폭으로 감소한 것이다. 따라서 이러한 차이를 분명히 인지해 손익을 분석해야 할 것이다.

기타포괄이익에 중요한 사항이 파악되지 않는다

기존 기업회계기준과 달리 국제회계기준은 기타포괄손익을 포괄손익계산서 본문에 기재하도록 하고 있다. 이는 기타포괄손익도 확정된 이익은 아니지만 기업의 순자본에 영향을 주는 중요한 사항으로 보기 때문이다. LG전자의 경우 2010년과 2009년 기타포괄손익의 발생액이 각각 약 1,000억원과 2,100억원의 손실을 기록하고 있다. 이는 당기순이익 규모의 10%를 약간 밑도는 수준이므로 아주 중요하다고 보기는 어렵지만 어디서 발생했는지 발생내역은 간단히 확인할 필요가 있다. LG전자의 기타포괄손익은 주로 해외사업장의 재무제표 환산과 확정급여채무의 보험수리적손익에서 발생하였음을 알 수 있다.

▶ LG전자의 연결재무상태표 사례4

제 9 기 2010 년 1 월 1 일부터 2010 년 12 월 31 일까지
제 8 기 2009 년 1 월 1 일부터 2009 년 12 월 31 일까지

LG 전자 (단위: 백만 원)

과 목	주석	제 9 기		제 8 기	
당기순이익(손실)			1,282,119		2,350,128
기타포괄이익(손실)			-104,235		-214,049
해외사업장환산외환차이		-32,311		-172,498	
매도가능금융자산		-1,262		7,454	
현금흐름위험회피		-38		382	
보험수리적손익	18	-46,732		-15,858	
관계기업의 보험수리적손익 지분	13	-3,692		-11,077	
조인트벤처및관계기업의 기타포괄손익지분		-20,200		-22,452	
총포괄이익			1,177,884		2,136,079
지배기업의 소유주지분			1,123,631		2,099,997
비지배지분			54,253		36,082

손익에서 비지배지분의 중요성을 확인한다

재무상태표에서도 비지배지분의 비중을 확인하였지만 포괄손익계산서에서도 비지배지분의 비중을 확인해야 한다. LG전자의 당기손익 및 총포괄이익에서 비지배지분의 차지하는 비중은 약 4%이내로 비중이 크지 않음을 알 수 있다. 따라서 LG전자의 연결포괄손익계산서가 LG전자의 연결실체의 경영성과를 나타낸다고 보아도 무방할 것이다.

모바일 사업부의 경영성과가 감소하였다

앞에서 계속영업이익이 전기에 비하여 감소하였음을 살펴보았다. 좀 더 자세히 분석하기 위해서는 영업부문별로 경영성과를 확인해 볼 필요가 있다. 영업부분에 대한 정보는 내부적으로 기업경영의사결정권자 들이 보고 받는 정보를 기초로 공시를 한다. 또한 다수의 지역에서 사업이 이루어지는 경우 지역별 정보도 공시하도록 하고 있다.

LG전자의 주석4 부문별정보 내용을 살펴보면 전기에 비하여 매출액 및 당기순이익이 어떻게 감소하였는지 영업부문별로 확인할 수 있다. Home Appliance 부분은 전기와 비슷한 실적을 보여주고 있으나 Mobile Communications 부분의 경우 전기에는 영업이익이 1조3천억원에서 영업손실 7천억 원으로 감소한 사실이 눈에 띈다. 즉, 당기이익의 감소가 Mobile Communications 부분의 경영성과 감소에 기인하였음을 알 수 있는데 앞으로 이 사업부의 전망 및 시장평가를 주의 깊게 분석해 보아야 할 것이다.

참고로 다른 Home Entertainment 부분을 포함하여 다른 영업부문도 영업이익이 소폭 감소함을 알 수 있으며, 경쟁사인 삼성전자의 유사 영업부문인 디지털미디어 부분도 영업이익의 감소가 나타나고 있음을 알 수 있다. 즉, 2010년은 경기침체와 치열한 시장경쟁으로 영업이익이 감소한 부분도 상당수 있음을 유추해 볼 수 있다.

지역별 정보를 보면 LG전자의 경우 유럽지역에서는 매출액이 소폭 감소했으나 중남미 및 아시아, 아프리카 등 신흥시장에서 매출확대가 이루어졌음을 알 수 있다.

▶ LG전자의 2010년 영업부분 공시 내용

(단위 : 백만 원)	2010년		2009년	
	매출액	영업이익	매출액	영업이익
Home Entertainment	22,082,111	211,201	19,635,050	593,014
Mobile Communications	13,840,459	-708,832	18,199,005	1,334,932
Home Appliance	10,672,648	537,662	9,540,816	478,101
Air Conditioning	4,820,276	59,683	4,296,145	176,624
Business Solution	4,831,674	58,642	4,632,401	121,376
소 계	56,247,168	158,356	56,303,417	2,704,047
기타부문 및 내부거래 제거 등	-493,364	18,113	-812,260	-23,344
합 계	55,753,804	176,469	55,491,157	2,680,703

(단위 : 백만 원)	매출액		비유동자산		
	2010년	2009년	2010.12.31	2009.12.31	2009.1.1
한국	8,285,162	8,162,082	5,475,146	6,893,486	6,579,588
북미	12,133,362	13,988,504	132,619	68,278	77,786
유럽	9,716,943	11,050,353	260,976	277,625	311,650
중남미	7,303,319	6,261,198	373,737	353,930	368,786
아시아, 아프리카	10,926,672	9,090,676	385,532	297,540	307,155
중국	4,640,823	4,759,386	528,099	536,110	729,132
CIS	2,747,523	2,178,958	115,052	98,771	113,274
합 계	55,753,804	55,491,157	7,271,161	8,525,740	8,487,371

▶ 삼성전자의 2010년 영업부분 공시 내용

(단위:백만 원)

2010년	SET			부품		
	계	디지털미디어	정보통신	계	반도체	LCD
매출액	214,945,026	132,443,114	81,502,962	134,384,718	72,806,264	62,162,133
내부매출액	-115,898,073	-75,185,552	-40,303,412	-67,546,082	-35,167,480	-32,242,249
순매출액	99,046,953	57,257,562	41,199,550	66,838,636	37,638,784	29,919,884
영업이익	4,822,401	486,182	4,302,554	12,089,126	10,110,698	1,991,990
자산총액	89,076,990	43,515,660	34,365,368	88,118,185	55,583,214	31,547,027

2009년	SET			부품		
	계	디지털미디어	정보통신	계	반도체	LCD
매출액	207,745,409	114,328,769	72,748,628	110,092,134	54,813,121	55,279,013
내부매출액	-116,486,918	-63,066,694	-35,157,318	-57,447,689	-28,005,498	-29,442,191
순매출액	91,258,491	51,262,075	37,591,310	52,644,445	26,807,623	25,836,822
영업이익	7,162,479	3,059,935	4,091,052	3,602,445	2,058,733	1,707,433
자산총액	78,804,810	42,605,421	31,882,983	76,543,625	45,458,634	30,959,630

영업활동으로 인한 현금흐름이 감소하였다

LG전자의 현금흐름표를 분석해 보면 투자나 재무활동으로 인한 현금흐름은 전기와 큰 차이가 없으나 영업활동으로 인한 현금흐름이 큰 폭으로 감소했음을 알 수 있다. 이는 앞서 살펴본 바와 같이 영업이익이 감소한 데 기인한 것으로 분석해 볼 수 있다. 그리고 이자수취 등을 제외한 영업으로부터 창출된 현금흐름도 전기에 비해서 감소했음을 알 수 있다. 참고로 LG는 이자수취 등을 영업활동으로 분류하고 있다.

재무활동으로 인한 현금흐름은 2009년에는 차입금의 상환으로 4조 원이 지출되었는데 2010년에는 추가차입으로 1조 원 정도 유입이 있었음을 확인할 수 있다.

▶ **현금흐름표 사례**

제 9 기 2010 년 1 월 1 일부터 2010 년 12 월 31 일까지
제 8 기 2009 년 1 월 1 일부터 2009 년 12 월 31 일까지

LG 전자 (단위: 백만 원)

과목	주석	제 9 기		제 8 기	
영업활동으로 인한 현금흐름			8,517		6,149,549
영업으로부터 창출된 현금	37	490,119		6,829,790	
이자의 수취		67,972		84,079	
이자의 지급		-232,253		-412,967	
배당금의 수취		76,301		151,144	
법인세비용의 납부		-393,622		-502,497	
투자활동으로 인한 현금흐름			-1,669,803		-1,993,105
투자활동으로 인한 현금유입액		1,060,188		633,327	
투자활동으로 인한 현금유출액		-2,729,991		-2,626,432	
재무활동으로 인한 현금흐름			1,220,763		-4,207,779
재무활동으로 인한 현금유입액		3,278,263		2,035,881	
차입금의 증가		3,276,962		2,035,881	
유상증자		1,301		-	
재무활동으로 인한 현금유출액		-2,057,500		-6,243,660	
차입금의 상환		1,749,208		6,171,387	
배당금의 지급		308,292		70,764	
자기주식의 취득		-		321	
비지배지분의 취득		-		1,188	
외화표시 현금의 환율변동효과			-39,102		-84,913
현금의 감소			-479,625		-136,248
기초의 현금			2,423,787		2,560,035
기말의 현금			1,944,162		2,423,787

PART 6

주요 업종별 IFRS 이슈

International

Financial

Reporting

Standards

건설업

시행사가 특수목적기업이 되는 경우 연결대상에 포함된다

일반적으로 부동산 개발사업 등을 진행하는 경우, 위험관리·자금조달 등의 이유로 건설회사가 직접 사업을 하기보다는 시행사를 통해 사업을 진행한다. 기존 기업회계기준은 시행사를 연결대상이 아니라고 보았으나, 국제회계기준에는 그러한 규정이 존재하지 않는다. 오히려 시행사가 특수목적기업(SPE)에 해당되는 경우 지분율과 상관없이 종속기업으로 보아 연결대상에 포함시킨다. 여기서 특수목적기업이란 다른 회사의 영업 등을 영위하기 위하여 설립된 회사를 말한다.

만약 시행사가 특수목적기업에 해당되는 경우 시행사의 부채 등이 모두 건설회사의 부채에 포함되므로 전통적으로 부채비율을 중시하는 건설회사의 재무비율에 치명적인 악영향을 미치게 된다.

  뿐만 아니라 건설회사가 시행사와 체결한 도급계약이 연결실체인 자신에 대한 계약이 되므로 **도급계약공사가 자체사업으로** 간주되어 버린다. 따라서 이에 대한 수익인식기준의 변경 등에도 영향을 미치게 된다.

자체 분양사업은 인도기준으로 수익을 인식한다

일반적으로 아파트 등의 자체 분양사업은 국제회계기준에 따른 건설계약의 정의에 부합하지 않는다. 따라서 진행기준이 아닌 **인도시점에 따라 수익을 인식**하게 된다. 분양사업이 많은 건설회사의 경우, 공사기간 중에는 수익을 전혀 인식할 수가 없기 때문에 손익의 변동성이 커질 수 있다.

  또한 장기 공사계약인 경우 계약금 및 몇 차례의 중도금을 지급하는 것이 관행인데 수익인식을 인도시점에 인식하면 **공사기간 중에 수령한 계약금 및 중도금을 선수금으로 인식**할 수밖에 없어 건설사의 부채비율이 상승하게 된다. 이와 더불어 공사기간 중에 발생한 공사원가가 수익이 인식되지 않았으므로 매출원가로 실현되지 못하고 재고자산으로 계상된다. 따라서 건설사의 재고자산이 증가되는 경향이 나타난다.

시행사에 대한 지급보증이 어려워진다

부동산개발사업에서 사업 시행주체인 시행사들은 PF차입금 등 외부자금으로 사업을 진행하는 것이 일반적이다. 그런데 시행사는 자기자본이 많지 않고 사업 리스크가 높은 편이라 대부분 기업신용도가 낮다. 따라서 주로 시공사로서 참여하는 건설회사가 시행사의 차입금 등에 대해 지급보증을 하게 된다.

국제회계기준에서는 이처럼 다른 회사를 위해 지급보증하는 것을 금융보증계약이라는 확정부채로 인식한다. 지급보증계약을 하면 계약시점에 지급보증에 따른 변제가 일어날 가능성이 없는 경우에도 시행사 등 피보증자의 보증료를 대납한 것으로 보아 예상보증료의 현재가치만큼을 부채로 인식한다.

만약 변제가능성이 발생하는 경우 예상손실액을 부채로 인식하는데, 기존 기

▶ **시행사에 대한 지급보증**

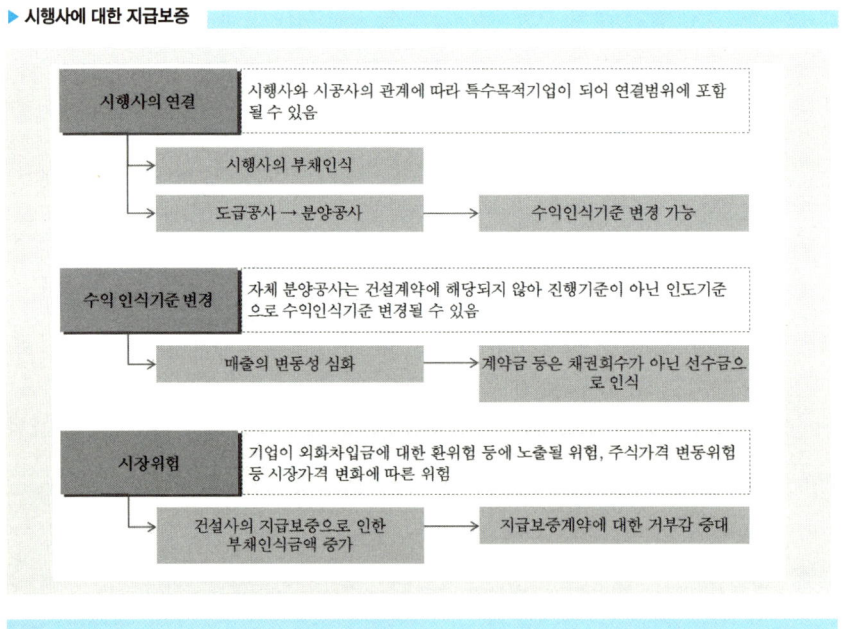

업회계기준에서는 변제가능성이 매우 높은 경우(80%)에만 부채로 인식했지만 국제회계기준에서는 변제가능성이 높은 경우(50%) 부채로 인식한다.

Chapter 02
금융업

어음할인은 차입으로 처리된다

금융기관의 주된 업무 중 하나가 무역어음 및 매출채권 등을 할인해 기업에 자금을 공여해주는 일이다. 일반적으로 금융기관은 이러한 어음할인 등의 대금회수 리스크를 회피하기 위해서 대금이 회수되지 않은 경우 채권을 할인한 기업에게 대금을 청구할 수 있도록 소구조건으로 계약을 체결한다.

 기존 기업회계기준에서는 이러한 어음할인을 채권매각으로 보았다. 그러나 국제회계기준은 실제 어음 등에 대한 모든 권리와 의무가 금융기관으로 이전되지 아니했다고 보아 매각이 아닌 채권담보부 차입으로 간주한다.
 따라서 기업들은 금융기관에 매출채권 등을 할인하면 차입금으로 처리되므로 부채비율 등이 중요한 기업의 경우 어음할인을 통한 자금조달이 과거보다 줄어들 것으로 예상된다.

자산유동화가 어려워진다

금융기관은 재무건전성을 확보하기 위해 자산 중 부실자산의 비중을 줄이고자 하는 경향이 있다. 부실자산을 정리하는 방법 중 하나가 해당 자산을 별도 유동화전문회사(SPC)를 통해 매각처리하는 것이었다. 그런데 국제회계기준이 적용되면서 이러한 자산유동화방식에 몇 가지 문제점이 제기되었다. 그 중 하나는 해당 **유동화전문회사가 특수목적기업에 해당되어 종속기업에 포함되는 것**이었다. 유동화전문회사가 종속기업이 되면 유동화했던 부실자산이 다시 연결재무제표상 자산에 포함되어 자산건전성 제고라는 취지가 무색해진다.

또 다른 문제점은 해당 자산을 유동화하는 경우, 어음할인과 마찬가지로 금융기관이 **유동화전문회사에 일정 회수금액을 보장한다면 이를 자산매각이 아닌 담보차입으로 본다는 것**이다. 따라서 유동화전문회사가 종속기업에 해당되지 않더라도 양도거래가 발생하지 않았으므로 부실자산 등이 다시 연결재무제표에 포함된다.

이러한 문제점을 해결하기 위해 해당자산만을 유동화하는 회사가 아닌 여러 회사의 부실자산을 유동화하기 위해 설립된 배드뱅크(Bad Bank)를 통해 유동화하는 방안이 대안으로 제시되고 있다. 또한 해당 배드뱅크에 유동화를 하는 경우 실제로 위험이 이전된 것으로 볼 수 있도록 양도계약도 이루어지고 있다.

잠깐! 알아두기

배드뱅크란?

배드뱅크는 부실자산 등을 기업들로부터 싸게 인수하여 인수가격보다 높은 금액으로 해당 자산을 매각 혹은 채권 회수해 이익을 남기는 회사이다.

예를 들어 은행 등 금융기관이 부실채권 100억 원을 가지고 있다면 재무제표에 이러한 부실자산을 보여주기 싫을 것이다. 이를 은행이 30억 원을 받고 배드뱅크에 매각하면 확정된 손실 70억 원으로 부실채권을 제거할 수 있다. 배드뱅크는 30억 원을 주고 채권을 구매하였지만 실제 회수액이 45억 원이 된다면 15억 원의 이익을 얻을 수 있다. 비록 일부 자산에서는 손실이 나기도 하겠지만 전체적으로는 이익이 발생할 것이다. 여기서 발생하는 수익률이 자금조달금리보다 높다면 지속적으로 이익이 발생하게 된다.

▶ 자산유동화

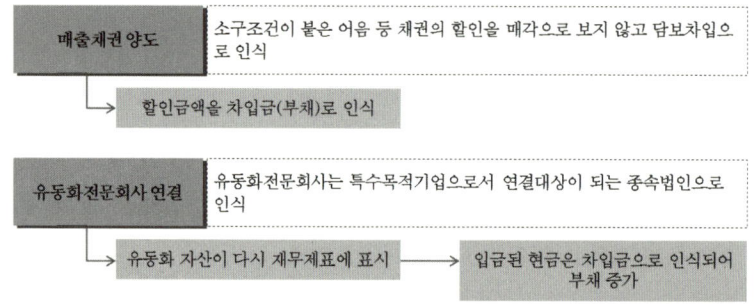

Chapter 47
소매·유통업

판매장려금의 지급은 매출을 줄인다

백화점 등 소매·유통업에서는 고객들을 유치하기 위해 다양한 고객충성제도를 운영한다. 100만 원의 상품을 구매하면 상품권을 준다든지 구매실적에 따라서 현금처럼 이용할 수 있는 캐시백(Cash Back) 서비스를 제공하는 등의 다양한 마케팅전략이 그 예이다. 과거에는 이러한 것들을 일반적으로 판매촉진비 중 하나로 보아 제공할 서비스의 원가를 판매관리비와 충당부채로 인식했다.

그러나 국제회계기준은 고객이 지불하는 대가에는 고객이 구매하는 물품 등에 대한 대가와 판촉활동으로 제공되는 포인트 및 상품권 등의 대가가 합쳐진 것이라고 본다. 따라서 매출 중 고객충성제도에 따른 부분은 매출로 보지 않고 이연수익이라는 부채로 인식한다. 이 이연수익은 추후 포인트 등이 사용되는 경우 매출로 대체한다.

물론 당기순이익에 미치는 영향은 거의 없겠지만 이익은 동일한 상태에서 매출액이 감소하므로 영업이익율과 당기순이익율 및 매출채권회전율 등의 지표에 영향을 주게 된다. 따라서 이러한 점을 고려해 재무비율을 분석해야 할 것이다.

건물은 하나의 유형자산이 아니다

백화점 등 소매·유통업체가 보유하고 있는 건물은 건물본체뿐만 아니라 에스컬레이터, 내장공사, 공조기 등 다양한 자산이 합쳐진 집합체이다. 기존 기업회계기준에서는 이러한 자산들을 모두 하나의 건물로 보아 건물의 내용연수 동안 감가상각비를 계산했다. 그러나 국제회계기준은 중요한 부분에 대해 별도의 자산으로 인식하도록 하고 있다. 내장공사, 에스컬레이터 등의 내용연수는 일반적으로 건물본체보다 상당히 짧으므로 감가상각비가 증가하는 경향이 나타난다.

▶ A백화점 건물의 주요구성품 실질 내용연수

구분	내용연수
건물	50년
엘리베이터 등	20년
공조기 등	15년
내부설비 및 장치	5년
기타	5년

▶ 소매·유통업의 판매장려금 매출인식과 감가상각법

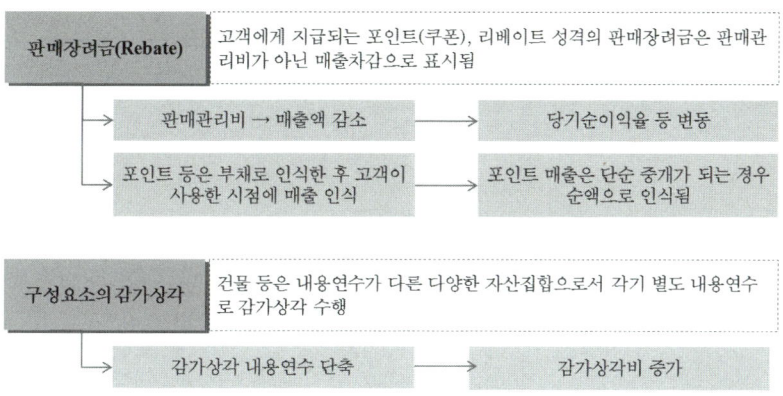

Chapter 48
해운 · 조선업

기능통화제도가 도입된다

해운 및 조선회사들은 전 세계 기업들을 대상으로 사업을 하고 있으며 일반적으로 주요 매출 및 매입 계약 시 미국 달러화로 계약을 체결한다. 따라서 환율변동이 회사의 매출 등 경영성과와 재무상태에 미치는 영향이 크다. 대부분 해운회사 등은 이러한 환율변동위험을 회피하기 위해 선물환계약 등을 체결하고 있다.

대부분의 거래가 미국 달러화로 이루어지고 단순히 이를 원화로 표시하면서 발생하는 외화평가손익은 손익계산서상 손익으로 인식하지 않는 것이 타당할 것이다. 따라서 국제회계기준은 원화가 아닌 주된 경제환경의 통화(기능통화)로 회계장부를 작성하도록 하고 있다. 기능통화로 기록된 회계장부를 원화로 변환하면서 발생한 환산손익은 당기손익이 아닌 기타포괄손익으로 인식하면 손익 변동성이 줄어든다.

위험회피회계가 적용된다

해운회사 등은 외환거래가 빈번하다 보니 환율변동에 따른 손익변동성을 최소화하기 위해 파생상품을 이용, 환율변동위험을 줄이고 있다. 예를 들어 선박 등의 장기운행계약을 체결하면 환율하락에 따른 매출감소를 보완하기 위해 미래에 통화선도를 매각하는 계약을 체결한다. 이런 경우 매출계약 및 파생상품에 대해 공정가치 위험회피회계가 적용된다.

공정가치 위험회피회계를 적용하는 경우 환율이 하락하면 외화 매출계약에서는 평가손실이 발생하고 이를 부채로 인식한다. 반면 통화선도매각계약에서는 이익이 발생될 것이고 이를 자산으로 인식한다. 평가이익과 손실이 동시에 발생하므로 환율변동이 손익에 미치는 영향은 감소될 것이나 자산·부채는 동시에 늘어나게 된다. 자본은 변하지 않은 상태에서 자산·부채가 동시에 증가하면 부채비율이 증가하는 결과가 나타난다.

위험회피대상거래가 많을수록 그리고 외화 변동이 클수록 자산 및 부채로 기록되는 금액이 커지므로 기업의 부채비율은 상승하게 된다.

▶ 거래목적 파생상품거래와 위험회피회계의 종류

구분	현금흐름 위험회피	공정가치 위험회피	투자목적 파생거래
건물	미래현금흐름에 대한 위험을 회피하기 위한 파생상품 거래	재무상태표상 자산, 부채 및 확정계약에 대한 파생상품 거래	위험회피가 아닌 금융상품으로서 거래하기 위한 파생상품
위험회피대상의 환율변동	–	당기손익	–
파생상품의 환율변동	기타포괄손익	당기손익	당기손익

외화채권(공정가치 위험 회피대상) 및 미래 매출계약(현금흐름 위험 회피대상) 10달러가 있는 경우, 위험회피를 위해서 10달러를 달러당 1,200원에 매도하는 선물계약을 체결하였다고 가정하자. 이 경우 해당거래와 선물거래에 대한 평가손익은 아래와 같이 인식하게 된다. 이러한 위험회피회계는 일정요건을 충족하는 경우 적용할 수 있다.

구분	현금흐름 위험회피	공정가치 위험회피	투자목적 파생거래
사례(현재환율 1,000₩/1$, 선물환율은 1,200₩/1$)			
회피대상	미래 매출계약 10$	외화채권 10$	–
파생상품	10$ 매도 선물계약	10$ 매도 선물계약	10$ 매도 선물계약
기말환율이 1,100인 경우 평가손익의 인식			
회피대상	–	당기손익 1,000₩	–
파생상품	기타포괄이익 1,000₩	당기이익 1,000₩	당기이익 1,000₩

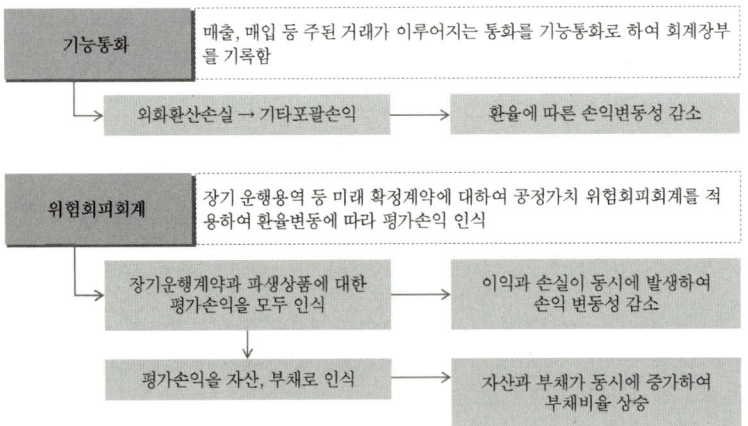

심화학습

공정가치 위험회피회계에 대한 개정 논의

국제회계기준의 위험회피회계에 대한 개정작업이 진행 중이다. 개정내용을 살펴보면 ① 공정가치 위험회피회계에서 발생하는 평가손익을 당기손익이 아닌 기타포괄손익으로 처리하고 ② 발생한 자산·부채는 총액으로 표시하도록 하고 있다.

개정 중인 위험회피회계에서도 환율변동과 위험회피거래를 많이 할수록 기업의 부채비율이 상승하게 되는 결과를 피할 수 없게 된다. 그리하여 많은 해운사 등은 매출을 많이 할수록 부채비율이 상승하게 되는 기현상이 나타나게 된다.

만약 환율변동에 따라 동시에 발생한 자산·부채를 서로 상계 처리한다면 이러한 영향을 피할 수 있으므로 이에 대한 논의가 진행 중이다.

부록1

기존 기업회계기준과 국제회계기준,
일반 기업회계기준의 주요 차이 비교

구 분	기존기업회계기준	국제회계기준	일반기업회계기준
재무제표	이익잉여금처분계산서가 재무제표에 포함됨	이익잉여금처분계산서는 재무제표에 포함 안 됨, 상법 등 법규에 따라 주석 공시	IFRS와 동일
연결 재무제표	지분율 30% 초과 최다출자자를 지배회사에 포함, 비외감대상기업을 연결에서 제외, 특수목적기업 규정 없음	지분율 50%초과 또는 실질지배력이 있는 경우, 특수목적기업은 연결대상에 포함	지분율 50%초과 또는 실질지배력이 있는 경우, 비외감대상기업을 연결에서 제외
금융상품	자산유동화법에 따른 유동화는 매각으로 인식	자산유동화에 대한 특례 없음	자산유동화에 대한 특례 없음
	일반적으로 상환청구권부, 매출채권할인은 매각거래로 인식	상환청구권부, 매출채권할인은 차입거래로 인식	일반적으로 상환청구권부, 매출채권할인은 매각거래로 인식
	객관적이고 합리적기준에 따라 대손충당금 설정(예측손실)	객관적 손상징후 시에만 대손충당금 설정(발생손실)	객관적이고 합리적기준에 따라 대손충당금 설정(예측손실)
재고자산	후입선출법 허용	후입선출법 불가능	후입선출법 허용
지분법	지분율 산정 시 지배회사와 종속회사 지분 합산	지분율 산정 시 종속회사 지분만 합산	지분율 산정 시 종속회사 지분만 합산
유형자산	감가상각방법 변경은 회계정책 변경(소급법)	감가상각방법 변경은 회계추정 변경(전진법)	감가상각방법 변경은 회계추정 변경(전진법)
	임대용부동산은 유형자산으로 분류	임대용부동산은 투자부동산으로 분류	임대용부동산은 유형자산으로 분류
	투자부동산은 재평가 불가능	투자부동산은 공정가치모형 허용	투자부동산은 재평가모형 허용
무형자산	재평가 불가능	무형자산의 재평가 가능	재평가 불가능
	영업권은 내용연수동안 정액법 상각	영업권은 상각하지 않고 손상평가 수행	영업권은 내용연수 동안 정액법 상각

	염가매수차익(부의영업권)은 상각가능자산의 가중평균내용연수에 걸쳐 정액법으로 환입	염가매수차익(부의영업권)은 즉시 당기손익으로 인식	염가매수차익(부의영업권)은 즉시 당기손익으로 인식
충당부채 등	손실의 발생가능성이 매우 높은 경우(80%) 충당부채 인식	손실의 발생가능성이 높은 경우(50%) 충당부채 인식	손실의 발생가능성이 매우 높은 경우(80%) 충당부채 인식
자본	상환우선주는 법적분류에 따라 자본으로 인식	상상환우선주는 실질에 따라 자본으로 인식	상환우선주는 법적분류에 따라 자본으로 인식
수익	자체분양공사는 진행기준 적용	자체분양공사는 인도기준 적용	자체분양공사는 진행기준 적용
종업원 급여	기말 전 종업원의 퇴직시 지급할 금액을(청산가치) 퇴직급여부채로 인식	보험수리적방법에 따라 퇴직급여 산출(예측가치)	기말 전 종업원의 퇴직시 지급할 금액을(청산가치) 퇴직급여부채로 인식
환율변동 효과	기능통화 손익항목의 표시통화 환산시 규정 없음	기능통화 손익항목의 표시통화 환산시 거래일의 환율 또는 평균환율(환율변동이 유의적이지 않는 경우에만 사용가능)	기능통화 손익항목의 표시통화 환산시 거래일의 환율 또는 평균환율 중 선택
	기능통화는 제반 사항을 고려하여 결정	기능통화는 제반 사항을 고려하여 결정	해당국가 통화를 기능통화로 사용가능
	외화표시 재무제표 환산 시 일평균·월평균·가중평균 환율 사용 가능	별도 기준 없음	별도 기준 없음
기본주당 이익	기본·희석주당이익 공시 의무화	기본·희석주당이익 공시 의무화	기본주당이익 공시 의무 없음
최초채택	—	비교표시 재무제표는 IFR로 소급하여 작성	비교표시 재무제표는 소급작성 하지 않음
	—	최초채택시점에 간주원가 사용 가능	최초채택시점에 간주원가 사용 가능
중소기업 회계처리 특례	중소기업 특례 있음	중소기업 특례기준 없음	중소기업 특례 있음

부록2

금융감독원 권고 국문 및 영문 주요 표준계정과목(예시)

한글 Label	영문 Label
재무상태표	Statement of financial position
자산	Assets
비유동자산	Non-current assets
장기매출채권 및 기타비유동채권	Long-term trade and other non-current receivables, gross
유형자산	Property, plant and equipment
투자부동산	Investment property
영업권	Goodwill, gross
정부보조금	Government grants, goodwill
영업권 이외의 무형자산	Intangible assets other than goodwill
지분법적용 투자지분	Investments accounted for using equity method
비유동생물자산	Non-current biological assets, gross
비유동채권	Non-current receivables, gross
이연법인세자산	Deferred tax assets
기타비유동금융자산	Other non-current financial assets
기타비유동비금융자산	Other non-current non-financial assets
비유동자산합계	Total non-current assets
유동자산	Current assets
재고자산	Inventories
매출채권 및 기타유동채권	Trade and other current receivables
당기법인세자산	Current tax assets
기타유동금융자산	Other current financial assets
기타유동비금융자산	Other current non-financial assets
현금및현금성자산	Cash and cash equivalents
매각예정 또는 소유주에 대한 분배예정으로 분류된 비유동자산이나 처분자산집단	Non-current assets or disposal groups classified as held for sale or as held for distribution to owners
유동자산합계	Total current assets
자산총계	Total assets

한글 Label	영문 Label
자본과 부채	Equity and liabilitie
자본	Equity
납입자본	Contributed equity
이익잉여금(결손금)	Retained earnings
기타자본구성요소	Elements of other stockholder's equity
지배기업의 소유주에게 귀속되는 지분	Equity attributable to owners of parent
비지배지분	Non-controlling interests
자본총계	Total equity
부채	Liabilities
비유동부채	Non-current liabilities
비유동충당부채	Non-current provisions
장기매입채무 및 기타비유동채무	Long-term trade and other non-current payables
장기차입금	Long-term borrowings, gross
퇴직급여채무	Post-employment benefit obligations
비유동채무	Non-current payables
이연법인세부채	Deferred tax liabilities
기타비유동금융부채	Other non-current financial liabilities
비유동부채합계	Total non-current liabilities
유동부채	Current liabilities
유동충당부채	Current provisions
매입채무 및 기타유동채무	Trade and other current payables
단기차입금	Short-term borrowings
유동성장기차입금	Current portion of long-term borrowings
미지급법인세	Payments of Income taxes payable
당기법인세부채	Current tax liabilities
기타유동금융부채	Other current financial liabilities
기타유동비금융부채	Other current non-financial liabilities
매각예정으로 분류된 처분자산집단에 포함된 부채	Liabilities included in disposal groups classified as held for sale
유동부채합계	Total current liabilities
부채총계	Total liabilities
자본과부채총계	Total equity and liabilities

한글 Label	영문 Label
재무상태표	Statement of financial position
자산	Assets
비유동자산	Non-current assets
장기매출채권 및 기타비유동채권	Long-term trade and other non-current receivables, gross
유형자산	Property, plant and equipment
투자부동산	Investment property
영업권	Goodwill, gross
정부보조금	Government grants, goodwill
영업권 이외의 무형자산	Intangible assets other than goodwill
지분법적용 투자지분	Investments accounted for using equity method
비유동생물자산	Non-current biological assets, gross
비유동채권	Non-current receivables, gross
이연법인세자산	Deferred tax assets
기타비유동금융자산	Other non-current financial assets
기타비유동비금융자산	Other non-current non-financial assets
비유동자산합계	Total non-current assets
유동자산	Current assets
재고자산	Inventories
매출채권 및 기타유동채권	Trade and other current receivables
당기법인세자산	Current tax assets
기타유동금융자산	Other current financial assets
기타유동비금융자산	Other current non-financial assets
현금및현금성자산	Cash and cash equivalents
매각예정 또는 소유주에 대한 분배예정으로 분류된 비유동자산이나 처분자산집단	Non-current assets or disposal groups classified as held for sale or as held for distribution to owners
유동자산합계	Total current assets
자산총계	Total assets

한글 Label	영문 Label
손익계산서	Income statement
당기순이익(손실)	Profit (loss)
수익(매출액)	Revenue(Sales)
매출원가	Cost of sales
매출총이익	Gross profit
기타수익	Other income
판매비와관리비	Selling general administrative expenses
급여	Salaries wages
퇴직급여	Provision for severance indemnities
복리후생비	Employee benefits
보험료	Insurance premiums
감가상각비	Depreciation expense
무형자산상각비	Amortisation expense
대손상각비	Bad debt expenses
지급수수료	Commissions
광고선전비	Advertising expenses
교육훈련비	Training Expenses
차량유지비	Vehicle maintenance expenses
도서인쇄비	Publication expenses
접대비	Entertainment expenses
임차료	Rental expenses
통신비	Communication expenses
운반비	Freight expenses
세금과공과	Taxes dues
소모품비	Supply expenses
수도광열비	Utility expenses
수선비	Repair expenses
경상개발비	Ordinary development expense
여비교통비	Travel expenses
판매비와관리비 합계	Total selling general administrative expenses

물류원가	Distribution costs
관리비	Administrative expenses
기타비용	Other expense
영업이익(손실)	Operating Income(Loss)
기타이익(손실)	Other gains (losses)
금융수익	Finance income
금융원가	Finance costs
법인세비용차감전순이익(손실)	Profit (loss) before tax
법인세비용	Income tax expense
계속영업이익(손실)	Profit (loss) from continuing operations
중단영업이익(손실)	Profit (loss) from discontinued operations
당기순이익(손실)	Profit (loss)
당기순이익(손실)의 귀속	Profit (loss), attributable to
지배기업의 소유주에게 귀속되는 당기순이익	Profit, attributable to owners of parent
비지배지분에 귀속되는 당기순이익	Profit, attributable to non-controlling interests
주당이익	Earnings per share
기본주당이익	Basic earnings per share
희석주당순이익	Diluted earnings per share

한글 Label	영문 Label
포괄손익계산서	Statement of comprehensive income
당기순이익(손실)	Profit (loss)
기타포괄손익	Other comprehensive income
법인세비용차감후기타포괄손익의 구성요소	Components of other comprehensive income, net of tax
외화환산외환차이	Exchange differences on translation
매도가능금융자산	Available-for-sale financial assets
현금흐름위험회피	Cash flow hedges
해외사업장순투자의 위험회피	Hedges of net investments in foreign operations
지분상품에 대한 투자자산의 세후기타포괄손익	Other comprehensive income, net of tax, gains (losses) from investments in equity instruments
자산재평가차익(차손)의 세후기타포괄손익	Other comprehensive income, net of tax, gains (losses) on revaluation
확정급여제도의 보험수리적손익의 세후기타포괄손익	Other comprehensive income, net of tax, actuarial gains (losses) on defined benefit plans
총포괄손익	Total comprehensive income
포괄손익의 귀속	Comprehensive income attributable to
포괄손익, 지배기업의 소유주에게 귀속되는 지분	Comprehensive income, attributable to owners of parent
포괄손익, 비지배지분	Comprehensive income, attributable to non-controlling interests

한글 Label	영문 Label
현금흐름표	Statement of cash flows
영업활동현금흐름	Cash flows from (used in) operating activities
당기순이익(손실)	Profit (loss)
당기순이익조정을 위한 가감	Adjustments to reconcile profit (loss)
배당금지급	Dividends paid
배당금수취	Dividends received
이자지급	Interest paid
이자수취	Interest received
법인세환급(납부)	Income taxes refund (paid)
영업활동순현금흐름	Net cash flows from (used in) operating activities
투자활동현금흐름	Cash flows from (used in) investing activities
토지의 처분	Proceeds from sales of land
건물의 처분	Proceeds from sales of buildings
기계장치의 처분	Proceeds from sales of machinery
투자부동산의 처분	Proceeds from sales of investment property
무형자산의 처분	Proceeds from sales of intangible assets
매도가능금융자산의 처분	Proceeds from sales of available-for-sale financial assets
만기보유금융자산의 처분	Proceeds from sales of financial assets held to maturity
당기손익인식금융자산의 처분	Proceeds from sales of fair value financial asset
대여금및수취채권의 처분	Proceeds from sales of loans and receivables
유형자산의 취득	Purchase of property, plant and equipment
토지의 취득	Purchase of land
건물의 취득	Purchase of buildings
기계장치의 취득	Purchase of machinery
투자부동산의 취득	Purchase of investment property
무형자산의 취득	Purchase of intangible assets
매도가능금융자산의 취득	Purchase of available-for-sale financial assets
만기보유금융자산의 취득	Purchase of financial assets held to maturity
당기손익인식금융자산의 취득	Purchase of fair value financial asset
대여금및수취채권의 취득	Purchase of loans and receivables
투자활동순현금흐름	Net cash flows from (used in) investing activities

재무활동현금흐름	Cash flows from (used in) financing activities
주식의 발행	Proceeds from issuing shares
차입금	Proceeds from borrowings
차입금의 상환	Repayments of borrowings
자기주식의 취득	Acquisition of treasury shares
자기주식의 처분	Disposition of treasury shares
재무활동순현금흐름	Net cash flows from (used in) financing activities
환율변동효과 반영전 현금및현금성자산의 순증가(감소)	Net increase (decrease) in cash and cash equivalents before effect of exchange rate changes
현금및현금성자산에 대한 환율변동효과	Effect of exchange rate changes on cash and cash equivalents
현금및현금성자산의순증가(감소)	Net increase (decrease) in cash and cash equivalents
기초현금및현금성자산	Cash and cash equivalents at beginning of period
기말현금및현금성자산	Cash and cash equivalents at end of period

한 권으로 끝내는 IFRS

초판1쇄 인쇄일 2011년 7월 15일 | 초판1쇄 발행일 2011년 7월 18일
지은이_홍사균 | 펴낸곳_(주)도서출판 예문 | 펴낸이_이주현
기획_정도준 | 편집_김유진·윤서진 | 디자인_배윤희 | 마케팅_채영진 | 관리_윤영조·문혜경
등록번호_제307-2009-48호 | 등록일_1995년 3월 22일 | 전화_02 765 2306 | 팩스_02 765 9306
주소_서울시 성북구 성북동 115-24 보문빌딩 2층 | 홈페이지 http://www.yemun.co.kr | isbn 978-89-5659-177-3 (13320)